*Über die Autorin:*

Maike von Wegen ist das Pseudonym von Meike Büttner, geboren 1982. Sie ist Musikerin, Autorin und junge Mutter. In ihrem Blog mutterseelenalleinerziehend.de berichtet die Berlinerin vom Alltag der deutschen Alleinerziehenden und kämpft für eine gerechtere Gesellschaft.

Maike von Wegen

# MUTTER SEELEN ALLEIN ERZIEHEND

## Ein Kind und weg vom Fenster?

Originalausgabe August 2013
Knaur Taschenbuch
© 2013 Knaur Taschenbuch
Ein Unternehmen der Droemerschen Verlagsanstalt
Th. Knaur Nachf. GmbH & Co. KG, München
Alle Rechte vorbehalten. Das Werk darf – auch teilweise – nur mit
Genehmigung des Verlags wiedergegeben werden.
Umschlaggestaltung: ZERO Werbeagentur, München
Umschlagabbildung: FinePic®, München
Satz: Adobe InDesign im Verlag
Druck und Bindung: CPI – Clausen & Bosse, Leck
Printed in Germany
ISBN 978-3-426-78577-5

2  4  5  3  1

# INHALT

## Teil 3
### Alltag und Wahnsinn

# Teil 1

# WER IST MAIKE VON WEGEN?

Wie ich mutterseelenalleinerziehend wurde, warum ich dieses Buch schreibe und wieso Mütter die schuldigsten Menschen der Welt sind.

# 1.

## WIE ALLES BEGANN

Am Anfang war das Wort, und das Wort sollte Fleisch werden.

»Sie sind schwanger!«

Schwanger? Ich?

Ich war zwanzig Jahre alt. Genauso alt, wie die Frauen meiner Familie schon seit Generationen immer waren, wenn sie ihr erstes Kind empfingen. Ich reihte mich also ein in die Tradition, von welcher ich immer geschworen hatte, dass ich sie durchbrechen würde.

Schwanger! Ich!

Das Erste, was ich tat, war, um eine Krankschreibung zu bitten.

»Krank?« Die Ärztin, die diesen Job einzig aus dem Grund gewählt hatte, um Schwangerschaften zu begleiten, sah mich misstrauisch an. »Sie sind nicht krank. Sie sind schwanger.«

Ich konnte nicht recht erkennen, wo da genau der Unterschied liegen sollte. Nicht umsonst sind es doch Ärzte, die diesen Zustand bestimmen und begleiten. Es war nicht leicht, doch schließlich bekam ich eine Krankschreibung mit dem Kürzel F32.1. Das steht für mittelgradige depressive Episode. Na schön.

Ich fuhr nach Hause und wartete, dass der Vater heimkehren würde.

DER Vater. Der Kindsvater. Der Mann, den ich bis dato einen Jungen genannt hatte. Der Mann, dessen liebste Freizeitbeschäftigung der Rock 'n' Roll war. Als er am Abend endlich kam, war er erstaunt, dass ich bereits zu Hause war.

»Ich bin krankgeschrieben.«

»Krank? Wieso? Was hast du denn?«

»Wir.«

»Wie, wir?«

»Was haben wir? Ist die Frage!«

»Was haben wir denn?«

»Wir haben eine Schwangerschaft!«

Der zukünftige Vater, den ich im Folgenden Papa Stein nennen werde, in Anlehnung an den großartigen Motown-Song, musste sich setzen. Er schnaubte, seine Augen verdrehten sich für einen Augenblick so heftig, dass ich dachte, er würde gleich umfallen. Doch im nächsten Augenblick saß er schon, klammerte sich an die Lehne seines Stuhls und sagte den Satz, von dem ich dachte, nur Drehbuchautoren seien dazu fähig, derlei Dinge zu erfinden.

»Das machst du weg«, forderte er.

Ich schüttelte den Kopf.

»Ja doch, entweder dieses Kind oder ich!«

Der Rest war hässlich. Es flossen Tränen, es flogen Beschimpfungen und Schuldzuweisungen – Wieso hast DU nicht verhütet? – Wieso ich? – Wie kannst DU mir das antun …

Es war ein harter Kampf, jedoch nichts im Gegensatz zu dem, was mich noch erwartete: seine Mutter.

Nachdem ich den Vater davon hatte überzeugen können, dass nur Arschlöcher oder eben Drehbuchautoren zu solchen Sätzen in der Lage wären, rauften wir uns irgendwie zusammen. Hin und wieder fragte er mich, ob ich ganz sicher sei, aber weiter wagte er sich dann auch nicht mehr vor.

Schließlich besuchten wir seine Mutter, um ihr zu verklickern, dass sie nun bald Oma werden würde. Es geschah im Auto, auf dem Weg zum Supermarkt.

»Wir müssen dir etwas sagen.«

Ihre Reaktion war gewaltig. Unsere Gurte drohten uns zu strangulieren, als sie den Wagen mit einer Vollbremsung zum Stehen brachte. Es hupte überall, in ihrem Gesicht bildeten sich tiefe Falten, und sie drehte sich zu mir um, um ebenfalls einen Satz vom Stapel zu lassen, den ich keinem echten Menschen jemals zugetraut hätte: »Du zerstörst mein Leben! Warum tust du das?«

Es dauerte eine Stunde, bis sie weiterfuhr. In der Zwischenzeit parkte sie am Straßenrand, schlug auf ihr Lenkrad ein, bewarf mich mit allem, was sie zu fassen bekam, und heulte. So begann mein Leben als Mutterseelenalleinerziehende.

Und das war erst der Anfang.

Der Nächste, dem ich von meiner Schwangerschaft berichtete, war mein Vater.

Der reagierte dann endlich mal positiv. »Prima, Schatz! Ab deiner 37. Schwangerschaftswoche bin ich für immer von allen finanziellen Pflichten dir gegenüber befreit. Solltest du in eine Notlage geraten, kannst du den Staat fragen.«

Es klang fast so, als habe mein Vater nur darauf gewartet, dass ich endlich schwanger würde. So, als würde ich damit in seine Fußstapfen treten und seinen Job als Eltern übernehmen, und er könnte dann also quasi in Rente gehen. In Erziehungsrente. Kindsvater gibt ab an Vater Staat.

Die Werbeagentur, für die ich arbeitete, reagierte in etwa ähnlich. Als ich mit meinem Chef über Elternzeit sprach, erklärte der mir lächelnd, dass es unter den »vorliegenden Umständen« für ihn wohl keinen Grund zu einer Verlängerung unseres Vertrages geben könne, der ja zufällig in drei Monaten ende.

»Na und«, dachte mein derzeit verwirrter Schwangerenschädel. »Ich habe die Arbeit eh gehasst!«

Der nächste Schritt führte mich also zum Arbeitsamt, wo man mir sagte, dass man für mich nicht zuständig sei. Abzüglich meines Praktikums betrug meine Arbeitszeit bei der Agentur in etwa eineinhalb Jahre. Das war ein halbes Jahr zu wenig. Für mich kam nur Sozialhilfe in Frage. Das heute so geschimpfte Hartz IV.

Bei der Sozialhilfe rechnete man den Verdienst meines Freundes, mit dem ich in »eheähnlicher Gemeinschaft« lebte, an, und unterm Strich kam eine Summe raus, die so lächerlich gering war, dass ich auch darauf hätte verzichten können. Aber da man mit wenig Geld auch nicht auf noch weniger Geld verzichtet, nahm ich diese Hilfe selbstverständlich an.

Nun war ich also arm, schwanger und schuldig. Ich zerstörte das Leben meines Freundes und seiner Mutter. Und so durfte ich mir ab dato unendliche Vorwürfe und Vorträge anhören darüber, wie ich gedankenlos mehrere Existenzen auslöschte. Meine Mutter war die Erste, die vermeintlich positiv reagierte. Ich könne von ihr immer jede Unterstützung erwarten, sie sei für mich da und helfe. Sie hatte sich zwar nicht vorgestellt, dass ich mit zwanzig schwanger würde, aber schließlich sei es bei ihr ja genauso gewesen und vor ihr bei ihrer Mutter und deren Mutter und so weiter.

Meine Mutter machte mir Mut. Viel später allerdings sollte sich herausstellen, dass ihre Motive bei weitem nicht so selbstlos waren, wie sich das anhörte. Aber bis dahin dauerte es noch ein paar Jahre. Zunächst war meine Mutter endlich jemand, der mir Unterstützung anbot.

# 2.
## NESTBAU MIT SCHWIERIGKEITEN

Wenn ich heute über die Zusammenhänge von Teenieschwangerschaften und schlechten häuslichen Verhältnissen lese, fühle ich mich immer wieder ein wenig ertappt. Ich war zwar kein Teenager mehr, jung war ich für die heutigen Verhältnisse aber allemal. Und ich war ebenso wenig vernünftig ausgebildet oder in sicheren Verhältnissen.

Im Jahr 2008 hat Pro Familia eine Studie zum Thema »Jugendschwangerschaften in Deutschland« herausgebracht, in welcher eindeutig nachgewiesen werden kann, dass die jungen Mütter immer aus ärmlichen, bildungsfernen und/oder lieblosen Milieus stammen. Als Motivation wird oft angegeben, dass man seinen Kindern eine bessere Kindheit bieten wolle als die, die man kenne. Die meisten haben keine realistische Vorstellung von der Aufzucht eines Kindes und romantisieren dieses Verhältnis. Viele versprechen sich Kompensation ihrer eigenen Vernachlässigung dadurch; wiederum viele versuchen, die schwierige Intimbeziehung zum Vater des Kindes durch ein Verhältnis zu dessen Fleisch und Blut gutzumachen.

Einer dieser Faktoren trifft ganz und gar auf mich zu. Auch ich war überzeugt davon, meine Kindheit dadurch wiedergutmachen zu können, ich hatte keinerlei Vorstellung von der Arbeit, die das alles bedeuten würde, und ich war fast schon besessen von der Idee, meiner Mutter zu zeigen, wie man eine gute Mutter ist.

In dieser Zeit war mir das jedoch alles nie bewusst. Damals fühlte ich mich ohnehin immer sehr passiv. Die Dinge geschahen mit mir, ohne dass ich groß eingegriffen hätte in diese Geschehen. Ich war jahrelang sehr passiv. Heute sage ich, dass ich gelähmt war in dieser Zeit.

Nun war ich also schwanger. Ich versorgte mich mit Jodtabletten, stellte meine Ernährung um, hörte auf zu rauchen und belegte einen Geburtsvorbereitungskurs. Das Wichtigste war nun, dass wir eine Wohnung fänden. Also machten mein Freund und ich uns auf die Suche. Wir lebten damals zusammen in Bochum, und es war zum Glück gar nicht schwierig, gute Wohnungen für wenig Geld zu bekommen. Wir fanden eine wunderschöne große Altbauwohnung mit hohen Decken und einem Kohleofen in der Küche. Die Miete war sehr günstig wegen des Ofens, und dazu gehörte ein kleines verwildertes Grundstück, in dem wir hätten tun und lassen können, was wir wollten.

Ich war selig. Ich sah mich schon Gemüse anpflanzen und das Kind Futter für ein Kaninchen sammeln.


Wir waren gerade dabei zu renovieren, als Papa Steins Eltern zur Besichtigung vorbeikamen. Schon im Vorfeld hatten sie kein gutes Haar an unserer neuen Heimat gelassen, nachdem der Kohleofen Erwähnung gefunden hatte. Nun brauchte es also nicht mehr viel, um ein weiteres Desaster zu entfachen.

Papa Stein öffnete strahlend die Tür und breitete seine Arme aus: »Willkommen in unserem neuen Zuhause!«, begrüßte er sie stolz.

Seine Mutter verdrehte die Augen, rief aus: »Der Fußboden ist schief! Mein Gott, der Fußboden! Mir wird schwindlig!« Und sie ließ sich in die Arme ihres Mannes fallen. Nachdem wir sie sicher auf einem Stuhl in der Küche untergebracht hatten, befand sie, dass sie hier keine Minute länger bleiben könne. »Nein. Und besuchen kann ich euch hier auch nicht. Das ist ja eine Katastrophe mit dem Fußboden!«

Diese Wohnung wurde in meinen Augen immer besser: die hohen Decken, der Garten, der Romantikfaktor, die Ankündigung der Schwiegermutter, uns hier niemals zu besuchen. Alles hätte so schön sein können, aber: »Hier könnt ihr auf gar keinen Fall wohnen«, beschloss die Mutter von Papa Stein, und damit war die Sache gegessen.

Als ich eines Abends von der Arbeit in der Agentur zurückkam, berichtete Papa Stein, er habe soeben den Mietvertrag für unsere neue Wohnung unterzeichnet. Ich wurde nicht mal mehr gefragt. Keine hohen Decken, kein Ofen, kein Garten, kein Balkon, keine LUST!

Ich hasste die Wohnung vom ersten Augenblick an. Ich hasste sie noch mehr, als wir drei Anstriche brauchten, um das Rosa im Flur zu weißen, und ich begann, sie zu verfluchen, nachdem ich meinen 25 Kilo schweren Bauch plus Einkäufe einige Male die fünf Stockwerke hinauf ins Dachgeschoss geschleppt hatte. Ich hasste unser neues Zuhause, doch ich fand mich damit ab.

Aber die Anspannung in mir wuchs. Ich litt unter Schlafstörungen, meine Beine schmerzten, so dass ich nächtelang durch die Wohnung lief. Am allermeisten nahm mich der schleichende Verlust unserer Paarbeziehung mit. Papa Stein wollte plötzlich nicht mehr mit mir schlafen. Er gab vor, das Kind nicht verletzen zu wollen, aber ich denke, die Wahrheit ging viel tiefer als bloß bis in meine Gebärmutter. Ich schätze, dass er einfach sauer auf mich war, weil ich ihm mit diesem Kind das Rock-'n'-Roll-Leben nahm.

Was auch immer es war, wir hatten keinen Sex mehr. Ich fühlte mich furchtbar. Ich litt unter Schlafstörungen, die Schmerzen in meinen Beinen waren unerträglich, und nun fühlte ich mich auch noch unbegehrt. In mir machte sich das Gefühl breit, ich würde nun für immer unglücklich sein müssen, bloß weil wir nicht gut genug verhütet hatten. War es tatsächlich so, dass dieser eine Fehler mein ganzes Leben zerstören sollte?

# 3.
## MUTTERS ERSTER ÜBERGRIFF

Es war ein verregneter Samstag, als die erste Wehe kam. Wir riefen die Hebamme, und die informierte uns darüber, dass die Fruchtblase offenbar angerissen war. Wir mussten also ins Krankenhaus fahren.

Wir hatten großes Glück. Da unsere Hebamme zuvor als Geburtshelferin in ebendem Krankenhaus gearbeitet hatte, durften wir mit ihr alleine in den Kreißsaal. Dort verbrachten wir zehn Stunden, in welchen ich Papa Stein einen blauen Flecken in den Oberschenkel biss und zwischendurch verkündete, ich würde das Ganze nun aufgeben und nach Hause gehen. Sie hielten mich zu zweit fest, und ich sträubte mich. »Nein. Vergesst es! Das ist ja furchtbar! Ich mache das nicht!«

Selbstverständlich hatte ich keine Wahl, und als Laura sich Stunden später durch den Geburtskanal kämpfte, war ich auch wieder bei der Sache und half ihr nach Leibeskräften.

Es folgten die schönsten Stunden meines Lebens. Das, was mich da zehn Monate auf den Beinen gehalten hatte und mich durch eine zehnstündige Geburt gequält hatte, bekam nun ein Gesicht und eine Stimme.

Es war das schönste Gesicht, das ich je gesehen hatte. So wie das von Papa Stein in Klein und Rund. Ich war verliebt, und dieses Wesen bestätigte mich mehr als alles andere. Ich war endlich wieder begehrt. Mehr als das. Ich war lebensnotwendig für jemanden. Laura brauchte mich. Mehr als mich jemals jemand zuvor gebraucht hatte. Ich fühlte mich groß und stark.

Die Hebamme erklärte uns, dass Neugeborene am Anfang immer ihren Vätern ähneln würden, damit diese sie annehmen. Aber weil Laura noch heute genauso aussieht wie er in Klein und Rund, frage ich mich, ob Kinder vielleicht erst dann aufhören, so auszusehen wie ihre Väter, wenn sie sich von diesen endlich angenommen fühlen. Das ist natürlich Quatsch, aber in unserem Fall folgt es einer gewissen Logik.

Laura kam in einem anthroposophischen Krankenhaus zur Welt. Wir waren wirklich in den besten Händen und nahmen das Angebot eines Familienzimmers wahr. Papa Stein durfte für 23 Euro die Nacht mit uns für eine Woche in einem Familienzimmer wohnen, biodynamische Vollversorgung inklusive. Wir informierten niemanden und lebten ein paar Tage gemeinsam in der Klinik. Niemand sollte unsere ersten Stunden miteinander stören. Wir waren unsicher, und alles war uns fremd. Wir wollten unser Baby ganz in Ruhe kennenlernen, bevor wir es anderen zeigen würden. So war es gedacht, und die Versorgung durch die Schwestern und Hebammen war sehr hilfreich, weil ich anfangs noch mit vielen Ängsten und vor allem der Ahnungslosigkeit kämpfte.

Doch Laura war gerade mal einen Tag alt, als sich die Tür öffnete und die erste Person von außen in unseren Schutzraum eindrang. Seine Mutter in unsere Wohnung, meine Mutter in unser Familienzimmer. Sie fragte gar nicht, sondern breitete gleich strahlend ihre Arme aus, um das Baby in Empfang zu nehmen.

Dafür fragte ich etwas: »Wieso bist du hier?«

»Ihr seid seit gestern nicht ans Telefon gegangen. Da habe ich mir gedacht, dass ich euch hier finde.«

Ja. Sie hatte uns gefunden. Ich war nicht glücklich darüber, weil sie unsere Privatsphäre missachtet hatte. Sie hatte nicht einmal angerufen, um uns zu informieren. Sie war einfach so hereingeplatzt in einen Raum, den ich für ein paar Tage nur für uns haben wollte. Ich habe meiner Mutter nie sehr getraut, worauf ich später noch näher eingehen werde, und es war schon immer Teil unseres Konfliktes, dass sie sich hin und wieder übergriffig verhielt. Hier begann meine Chance, alles ohne sie viel besser zu machen, und prompt zog sie mir einen ihrer typisch egoistischen Striche durch den Plan, aber ich überreichte ihr selbstverständlich ihre Enkelin, und Papa Stein schoss ein Foto.

Wenn ich mir dieses Foto heute anschaue, durchfahren mich kalte Schauer. Das war vermutlich das erste Mal in Lauras Leben, dass meine Mutter sie in den Arm nahm und das Gefühl bekam, ihre Mutter zu sein. So als wäre ich gar nicht da. Ihr erster Übergriff.

Eine Woche später wurde ich 21 Jahre alt und hatte es somit knapp geschafft, die Familientradition aufrechtzuerhalten. Ob Laura auch mit zwanzig ihr erstes Kind bekommen wird? Bestimmt das Sein das Bewusstsein oder umgekehrt? Habe ich mein erstes Kind vielleicht im Alter von zwanzig Jahren bekommen, weil man mich darauf schon mein Leben lang vorbereitet hatte, mit den Geschichten darüber, dass es in dieser Familie nun einmal so sei? Vorsichtshalber werde jedenfalls wenigstens ich gegenüber meinem Kind darüber Stillschweigen bewahren. Kreisläufe sind dazu da, dass man sie durchbricht, und Eltern geben diese Aufgabe immer gerne an die nächste Generation weiter, wenn sie selbst gescheitert sind.

# 4.
# ROLLING STONE

Papa was a rolling stone. Wherever he laid his hat was his home.« Papa Steins Zuhause waren seine Arbeitsstelle, sein Proberaum, eine Kneipe, der Park, unser Bett. Mit uns hatte er wenig zu tun. Er arbeitete für ein amerikanisches Unternehmen, dessen Arbeitsbestimmungen sich um die Grenzen deutschen Rechts herumschlängelten, wie die Spieler von »Reise nach Jerusalem« sich um die Stühle quetschen. Der Schichtdienst war so bemessen, dass die Freizeit gerade dazu reichte, den Schichtwechsel hinzubekommen. Wenn Papa Stein zu Hause war, schlief er die meiste Zeit. Wenn er nicht schlief, wollte er »schließlich auch mal was erleben« und probte dann mit seiner Band oder ging abends etwas trinken. Ich blieb zu Hause. Immer. Die Ungerechtigkeit schien er gar nicht zu bemerken. Immer wieder weinte ich, dass ich von meinem Leben nichts mehr hätte, aber Papa Stein fand, das sei wohl eher sein Problem als meines. Schließlich sei er ja derjenige von uns, der arbeiten ging.

Dass es sich bei der Betreuung unseres Kindes ebenfalls um Arbeit handelte, nahm er nicht wahr. Laura war ein Schreibaby. Sie weinte manchmal tagelang und war durch nichts zu beruhigen. Es gab Tage, da kam ich nicht einmal dazu, mir irgendwann etwas anzuziehen, weil ich das Kind nicht aus dem Arm legen konnte, ohne dass es erbärmlich zu brüllen begann.

Als es Sommer wurde und die Abende warm, bat ich Papa Stein eines Abends, mit uns in einen Biergarten zu gehen, aber er war der Meinung, dass das kein Ort für ein Baby sei. Durch nichts ließ er sich davon überzeugen, dass auch Eltern mal einen Abend in einem Biergarten verbringen dürfen. Höchstwahrscheinlich, weil er einfach kein Maß kannte. Schließlich ging er hin und wieder trinken mit seinen Freunden. Und er trank meistens so lange, bis er einschlief. Ganz egal, wo das war. Es war nicht selten, dass ich morgens von Lauras Schreien erwachte, und der Platz neben mir im Bett war leer. Dann verbrachte ich ganze Tage damit, alle seine Freunde anzurufen und irgendwie in Erfahrung zu bringen, wo er war.

Es kam auch vor, dass seine Mutter vor mir herausfand, wo er war. Dann bekam ich von ihr einen Anruf, bei dem sie mir Vorwürfe machte und jammerte, er sei mal wieder in einem Krankenhaus, weil er betrunken im Park von einem Hügel gerollt sei, als er geschlafen hatte, oder weil er wütend gegen eine Wand gehauen habe, die stärker war als er, oder, oder, oder. Es gab häufig Exzesse, denn Papa Stein war schließlich so traurig, weil ich ihm ein Kind angehängt hatte, und so verzweifelt, weil er nur noch arbeitete.

Ich konnte ihm das nie begreiflich machen. Er arbeitete, aber ich arbeitete auch. Und er war stets der Einzige, der sich einen Ausgleich schaffte. Ich saß zu Hause, er war proben, trinken, feiern, Konzerte geben oder im Krankenhaus.

Unsere Leben stoben auseinander. Immer weiter voneinander weg. Ich war verzweifelt und einsam, er war verzweifelt. Er gab mir die Schuld, ich ihm. Er schlief nun hin und wieder im Arbeitszimmer. Ich beneidete ihn auch um dieses Zimmer. Papa Stein hatte einen Beruf, einen Proberaum, Freunde in einer Kneipe und ein Arbeitszimmer. Alles, was ich hatte, gehörte auch Laura. Unser Schlafzimmer, unser Mittagessen, meine Zeit. Es war himmelschreiend ungerecht, und im Grunde begann das Mutterseelenalleinerziehen schon da. Ganz zu Beginn. Als Laura noch gar nichts sagen konnte und Papa Stein wenigstens physisch noch gar nicht weg war.

Mein Kampf um ein wenig Zeit ohne Kind wurde immer heftiger, unsere Streite gemeiner. Eines Tages hatte ich es endlich geschafft. Ich würde alleine zu einer Freundin gehen dürfen. Abends. Ich würde das Haus verlassen, Papa Stein würde bei Laura bleiben. Sie war inzwischen abgestillt, und nichts stand einem Abend zwischen Vater und Tochter im Wege, doch er kam nicht nach Hause. Ich rief ihn an, und er sagte, er habe unsere Abmachung vergessen. Er sei nun auf dem Weg zu einem Freund, und er habe es ihm versprochen und überhaupt. Ich konnte es nicht fassen und befahl ihm, auf der Stelle nach Hause zu kommen, doch er weigerte sich. Ich war außer mir. Tränen der Wut schossen in meine Augen.
Ich zog mir meine Schuhe an und ging auf die Straße, von wo ich ihn noch einmal anrief. »Hörst du das? Ich bin auf der Straße. Ich werde jetzt einfach gehen. Laura ist im Bett.«
»Gut!«, antwortete er. »Ich werde auch nicht nach Hause fahren.«
Da habe ich aufgelegt und aufgegeben. Mutlos und ohnmächtig schleppte ich mich die Treppen hinauf und wartete darauf, dass mein Stolz erstarb. Ich weinte lange um ihn und legte mich irgendwann ins Bett, um zu tun, was ich immer tat: warten, dass der Mann nach Hause kommt.

# 5.
## JEDER BUCHSTABE EIN BEFREIUNGSSCHLAG

Während ich das hier schreibe, befreie ich mich. Ich sitze hier an meinem Schreibtisch, Laura ist inzwischen neun Jahre alt und über die Ferien bei ihrem Vater und den Groß-eltern. Und bei meiner Schwester. Mit all diesen Menschen spreche ich inzwischen seit drei Jahren so wenig wie möglich bis gar nicht. Zu meiner Schwester ist der Kontakt schon seit sechs Jahren abgebrochen.

Während ich das eine oder andere aus meinem Unbewussten hervorkrame, rollen hin und wieder Tränen über meine Wangen. Bei dem Satz »warten, dass der Mann nach Hause kommt« habe ich so laut geschluchzt, wie ich es schon viele Jahre nicht getan habe. Ich habe mich zusammengekrümmt, mich selbst umarmt und gejault wie ein Hund, den man zu lange alleine gelassen hat; Töne, die irgendwo zwischen meinen Rippenbögen feststeckten und schon lange da rausmuss-ten.

Ich gebe keine Garantie dafür, dass ich mich an jedes Detail richtig erinnere, ich reinige mich bloß von tief innen und lasse mir dabei über die Schulter schauen. Das hier ist keine Wahr-heit, sondern meine Erinnerung. Wahrheit gibt es nicht.

Aber es gibt Hormone. Während Schwangerschaft und Still-zeit werden permanent Prolaktin und Oxytocin im mütter-lichen Hirn produziert. Hormone, die die Mutter an ihr Kind binden. Die Sorge dafür tragen, dass eine Mutter ihr Baby nicht im Stich lässt. Darum blieb ich immer bei meinem Baby, aber ich bin ganz ehrlich: Ich hasste es, Mutter zu sein. Ich war so einsam wie noch nie zuvor in meinem Leben. Ich nahm zu, ich wurde hässlich, ich war depressiv, und es wurde immer schlimmer.

An einem Samstag im Winter hatten Papa Stein und ich ein wichtiges Gespräch. Ich teilte ihm mit, dass er uns fehlte, und er sah es das erste Mal wenigstens ein wenig ein. Er verstand jedenfalls, dass ich mir wünschte, am kommenden Tag einmal wie alle anderen Familien gemeinsam draußen eine schöne Zeit zu verbringen. Papa Stein sagte zu und versprach, am nächsten Morgen spätestens um zehn Uhr weckbar und ausgehbereit zu sein.

Der Sonntag kam, und ich war glücklich. Als Laura mich weckte, war bereits alles weiß, und es schneite ohne Unterlass. Lauras erster Schnee. Wir verbrachten die Stunden bis zehn Uhr vor dem Fenster, um dabei zuzusehen, wie die Flocken die Stadt verwandelten und eine gespenstische Stille zauberten. Wir beide waren so aufgeregt, und ich konnte es gar nicht abwarten, endlich mit der Familie im Schnee zu toben.

Als es zehn wurde, weckten wir Papa Stein fröhlich mit Kaffee. »Es schneit!«, sagte ich. »Es ist schon ganz viel liegen geblieben. Los! Wir müssen Schlitten fahren!«

Doch Papa Stein stöhnte nur, und es war wie eh und je. »Ich bin zu müde.«

Es war grausam deprimierend. Er war einfach nicht dazu zu bewegen, mehr Zeit mit uns zu verbringen. Wenige Minuten später klingelte mein Telefon, und ein befreundeter alleinerziehender Vater meldete sich. Auch er fand, wir sollten unbedingt mit den Kindern in den Schnee. Also ging ich – wie unzählige Male zuvor – mit Michael und seinem Sohn in den Park, um Schlitten zu fahren und mit Schnee um uns zu werfen.

Ganz genau so war es schon einige Male zuvor verlaufen, doch dieses Mal verliebte ich mich. Selbstverständlich war das keine Liebe, sondern Projektion. Michael war derjenige, der immer wieder Papa Steins Rolle übernahm und mit uns den Sonntag verbrachte. Michael war es, dessen Freundin einfach abgehauen war, weil sie keinen Bock auf ein Baby gehabt hatte. Michael war der Mann, der seine Rolle als Vater ernst nahm. Ich verliebte mich nicht in den Mann, der Michael war. Ich verliebte mich in den Vater, der er ist.
Übrigens habe ich bis heute weniger als zehn solcher Männer kennengelernt – und bestimmt über einhundert Frauen. Gute Väter sind leider ein Luxusgut. Davon scheint es nur sehr wenige zu geben.

Als ich Papa Stein gestand, dass ich mich in Michael verliebt hätte, war das Chaos perfekt. Wäre ich älter gewesen, hätte ich das Ganze vermutlich für mich behalten und Gras darüber wachsen lassen. Es war ja nicht einmal etwas geschehen. Aber damals war ich überzeugt, dass ich Papa Stein für Michael verlassen müsste, wenn sich nicht bald irgendetwas bei uns ändern würde. Ich hielt es für eine Warnung und unsere letzte Chance.
Papa Stein konnte damit überhaupt nicht umgehen. Er wurde wütend und eifersüchtig, und er war nun so enttäuscht, dass es die Sache nicht besserte, sondern verschlimmerte. Nun lebten wir nebeneinanderher, er hatte sein Vertrauen in mich verloren, und ich fühlte mich dreimal einsam.

Ich war eingesperrt und ohnmächtig. Ich konnte unser Zuhause nicht verlassen wegen des Babys, und ich konnte nicht aus meiner Haut, weil niemand mich zu hören schien.

Meine Bekanntschaften bestanden zur damaligen Zeit ausnahmslos aus mittellosen Künstlern, Musikern, Schauspielern und Regisseuren, in deren Leben Kinder und Familie gar nicht vorkamen. Niemand verstand so recht meine Lage, und niemand bot mir Hilfe an. Aus heutiger Sicht – da ich mit keinem dieser Menschen mehr zu tun habe – muss ich sagen, dass in ihren eher egozentrierten Lebensläufen gar kein Platz für mich und meine Sorgen war. Der Kindsvater sah meine Verzweiflung nicht, er verstand meine Einsamkeit nicht, und ich wurde immer wütender. Aber es durfte nicht sein. Ich warf meiner Mutter seit meiner Kindheit die Scheidung von meinem Vater vor. Also musste das hier funktionieren.

Damals dachte ich, dass ich Papa Stein nicht mehr lieben würde. Aber auch das war mir egal. Ich war überzeugt, wenn er sich ändern würde, würde ich auch wieder mit dem Lieben beginnen. Aber er änderte sich nicht.

Ich wurde buchstäblich verrückt.

Und während ich das hier schreibe, werde ich allmählich gesund.

# 6.
## STIMMEN AUS DEM
## WASSERHAHN

Es war wieder so eine Nacht, in der ich alleine im Bett lag und auf ihn wartete. Irgendwann hörte ich dieses Rauschen. Es klang, als hätte ich eine Schallplatte auf dem Teller gelassen, die nun auslief. Also ging ich ins Wohnzimmer, um den Plattenspieler auszuschalten. Doch er war bereits ausgeschaltet. Ich hatte ihn an diesem Tag ja nicht einmal angeschaltet. An der gesamten Musikanlage leuchtete keine Lampe, und der Plattenteller stand still.

Das Geräusch war noch da. Ich schlich durch die ganze Wohnung auf der Suche nach der Ursache, doch sie war einfach nicht auffindbar. Ich zog mir etwas über und lief durch das Treppenhaus und nach draußen. Die Lautstärke des Rauschens blieb gleich.

»Gut, Maike«, sagte ich zu mir selbst. »Das Geräusch ist in deinem Kopf.«

Nun hatte ich also die Ursache gefunden, und mit diesem Wissen schien das Rauschen sich auch gleich in Luft aufzulösen. Es wurde leiser und verschwand, so dass ich irgendwann schlafen konnte.

Aber es kehrte wieder. Fortan hörte ich das Rauschen, wann immer ich alleine im Bett lag. Sobald ich auf Papa Stein wartete, kam statt seiner immer nur dieses Geräusch, und es wurde schlimmer.

Irgendwann kam es auch am Tag, und es wurde mehr als nur das Rauschen. Schließlich war es das echte Rauschen von Wasser oder der Lärm der Straße, die etwas anderes zutage brachten. Unter dem Rauschen lagen Stimmen! Stimmen ohne Botschaft. Sie waren einfach da. Hin und wieder konnte ich sinnlose Fetzen verstehen wie: »Einmal noch«, oder: »Die gelben da.« Lauter unwichtige Satzteile ohne erkennbaren Hintergrund. Es war faszinierend und beängstigend zugleich. Als ich einmal bei einer Freundin in der Küche saß und sie den Hahn aufdrehte, ging es plötzlich so rund, dass ich mich kaum mehr auf die Realität konzentrieren konnte. Die Stimmen waren unerträglich laut. Zum ersten Mal störten sie mich regelrecht. Ich bat sie, das Wasser abzudrehen, und vertraute mich ihr an. Wir waren uns einig, dass ich verrückt würde. Mehr fiel uns zum gegenwärtigen Zeitpunkt nicht ein.

Aber der Krankheit in meinem Kopf fiel noch viel mehr ein. Sie mischte sich jetzt ein, und die Stimmen sollten das für mich regeln, dass ich mich immer so herumschubsen ließ. Ich sollte mich jetzt mal wehren. Die Stimmen hassten Papa Stein, und das wollten sie mir eines Tages einfach nicht mehr länger verschweigen.
Ich war das, die ihn hasste. Ich habe ihn so gehasst zu dieser Zeit, aber das durfte ich nicht zugeben. Also hörte ich nun Stimmen, die ihn nach Herzenslust hassten. Sie sagten Dinge, die ich nicht aufzuschreiben wage. Sie hatten die widerwärtigsten Ideen, was ich Papa Stein antun sollte, und sie formulierten derbe.

Leider blieb es dabei, dass die Zielperson dieser verbalen Angriffe mir immer noch nicht zuhören wollte. Als ich Papa Stein gegenüber versuchte anzudeuten, dass etwas nicht stimmte mit mir, da sagte er, was er immer sagte: »Du spielst dich doch nur auf!«

Er hielt meine Erklärungsversuche dafür, was mit mir los war, für bloße Koketterie. Seiner Ansicht nach hatte ich nie ein Problem gehabt, sondern wollte mich immer nur in den Mittelpunkt drängen. Und so blieb ein weiteres Problem in unserem jungen Haushalt: UNGELÖST.

Ich kam mir vor wie ein alter Umzugskarton, der aus allen Nähten platzt. Papa Stein warf hin und wieder verächtlich einen Blick darauf und manchmal noch etwas hinein. Anschließend setzte er sich drauf, um alles reinzustopfen, und klebte die Seiten mit Gaffatape zusammen. Nie durfte ich die ganzen Sachen aus der Kiste holen und sortieren. Immer wurde nur weiter nachgestopft, bis es irgendwann einfach nicht mehr ging und ich die Kiste und Laura nahm und zu Freunden brachte.

Es waren die letzten Wintertage 2004, und Laura und ich lebten im Wohnzimmer von Freunden in einem kleinen denkmalgeschützten Häuschen. Dort hätte ich mir wohl eine Alternative überlegen sollen, wo wir fortan leben könnten, doch ich wollte einfach nur zurück. Lauras zweiter Geburtstag stand an, und der Gedanke, ihn nicht zu Hause, im Kreise der Familie zu feiern, machte mich tieftraurig.

Papa Stein und ich redeten also oberflächlich und klärten das Ganze auf unsere Weise. Indem wir beschlossen, uns nicht weiter damit auseinanderzusetzen. Die Stimmen waren verschwunden. Erst einmal.

# 7.
## DIE GESTÖRTE FREUNDIN

Dieses »Glück« hielt selbstverständlich nicht lange an. Es kam wieder zur Trennung. Weil wir uns nicht änderten. Ich vergaß Michael nicht, dafür aber weiterhin den Wäscheberg, und Papa Stein änderte weder seinen Dienstplan noch seine Gewohnheiten. Wir waren dasselbe alte Paar mit denselben alten Problemen. Ich kann mich überhaupt nicht davon freisprechen, selbst große Fehler gemacht zu haben, die unser Zusammensein nachhaltig schädigten. Ich war der reine Trotz. Ich sah es nicht mehr ein, für Papa Stein zu kochen, und gönnte ihm insgesamt keinerlei Freude mehr. Ich war zerfressen von Neid und Hass. Und auch lange kein angenehmer Diskussionspartner.

Es war meine Mutter, die eines Tages vorschlug, ich solle ausziehen und mir eine eigene Wohnung suchen, um nicht mehr sauer auf Papa Stein zu sein.

Sie sagte, wenn er nicht bei uns wohnen würde, würden meine Erwartungen sich mindern. Ich könnte ja dann nicht mehr von ihm verlangen, auch einmal nachts für unser Kind aufzustehen. Ergo würde ich auch nicht mehr sauer sein, wenn er es nicht täte.

Ich suchte uns eine eigene kleine Wohnung, und Papa Stein beschloss, von Bochum nach Düsseldorf zu ziehen, um näher an seinem Arbeitsplatz zu sein.

Wir waren nun getrennt, aber wir starteten noch zwei weitere Anläufe, uns irgendwie auf die Reihe zu bekommen. Doch es funktionierte einfach nicht, und irgendwann mussten wir einsehen, dass wir nun getrennte Leute waren.

Wirklich einsehen konnte ich das gar nicht, aber ich versuchte es. Papa Stein war ein Schmerz, so groß wie ein U-Boot, das durch mein Inneres schipperte und dort für allerlei Verletzungen sorgte. So ein U-Boot ist einfach zu groß, um in einem Menschenkörper auf Tauchstation zu gehen.

Die Stimmen kehrten zurück. Sie fanden, dass ich mich wehren sollte, und trieben mich so lange in den Wahnsinn, bis ich es einfach nicht mehr aushielt. Ich vereinbarte einen Termin bei einer Therapeutin für ein Erstgespräch.

Als ich der Therapeutin von den Stimmen erzählte, klappte sie ihren Notizblock zu und sah mich ernst an. »Dann sind Sie hier aber falsch. Sie müssen zu einem Neurologen gehen.« Kaum gesagt, stand sie auch schon auf, griff nach ihrem Telefon, rief bei einer Neurologin an und kündigte an, dass sie mich nun dort vorbeischicken würde. Sie entließ mich aus ihrer Praxis, und als ich verzweifelt auf dem Parkplatz stand, klingelte mein Telefon.

Michael war dran: »Wie geht es dir?«

»Es geht mir schlecht. Ich bin soeben von einer Psychotherapeutin zu einer Neurologin geschickt worden.«

»Wo bist du?«, fragte er.

»Auf dem Parkplatz vor der Praxis«, sagte ich und brach in Tränen aus.

»Warte da. Ich hol dich ab.«

Gesagt, getan. Wieder Michael. Er holte mich ab und brachte mich mit dem Auto zu der Neurologin, wo er auf mich wartete.

Die Neurologin machte keine langen Umschweife. Nachdem ich ihr von den Stimmen und ihren Ideen erzählt und die Tatsache erwähnt hatte, dass ich Mutter sei, schloss auch sie gleich wieder ihren Notizblock.

»Sie müssen in eine Klinik«, fand die Neurologin.

Ich wehrte das sozusagen lachend ab. »Nein. Ich doch nicht. Nein danke. Dafür habe ich auch gar keine Zeit.«

»Sie haben keine Wahl«, bestimmte sie. »Entweder Sie gehen freiwillig, oder ich ›gehe Sie‹. Sie sind eine Gefahr für Ihr Kind.«

Ich? Eine Gefahr für mein Kind? Ich begann zu weinen. Wie konnte das denn sein? War nicht viel eher das Kind eine Gefahr für mich? War nicht seit dem Kind plötzlich alles stetig bergab gegangen? Aber ich hatte meinem Kind doch gar nichts getan und würde das auch niemals tun können! Oder etwa doch? Die Stimmen hassten doch Papa Stein und nicht Laura! Seitdem es Laura gab, war ich für alles der Sündenbock. Meine Familie hasste mich für die Entscheidung, das Kind zu bekommen, Papa Stein quälte mich, und ich war ganz allein. Mutterseelenallein.

Michael fand das alles seltsam spannend. Als ich in sein Auto stieg und ihm unter Tränen berichtete, was die Ärztin gesagt hatte, riss er sich gleich alles unter den Nagel. Die Planung, die Zukunft und mich.

»Ist doch super, Maike! Ich bringe dich jetzt dahin, und dann hole ich Laura vom Kindergarten ab. Ich rufe deine Mutter an, die soll sie bei mir abholen, und dann besuche ich dich, sooft ich kann.«

Super war das also, dass ich jetzt in einer Psychiatrie landete. »Super« – das Wort geisterte mir durch den Kopf wie ein Virus. Überall, wo es eine Datei berührte, wurde diese unlesbar. Ich konnte mich selbst nicht mehr lesen. Ich war jetzt offiziell verrückt.

# 8.
# PSYCHIATRIE

Michael besuchte mich nicht nur, Michael nahm mich auch mit zu sich nach Hause, als ich nach zwei Wochen Klinikaufenthalt endlich die Option auf Ausgang erhielt. Meine Mutter, die derzeit in Italien lebte, war sofort angeflogen gekommen, um Laura mitzunehmen. Michael war jetzt irgendwie mein Freund. Er hatte mich geküsst und mit mir geschlafen, und ich hatte gefragt: »Was ist das jetzt hier?«

Er hatte sich gefreut: »Du bist jetzt meine Freundin. Ich find das ja ein bisschen cool. Du bist jetzt meine durchgeknallte Freundin.«

Mehr war es für ihn tatsächlich, glaube ich, nie. Es reizte ihn, eine Freundin zu haben, die in einer Klinik lebte. Eine Freundin, die nicht so ganz richtig im Kopf war. Die Psychopharmaka nahm und Stimmen hörte. Fast war er ein bisschen enttäuscht, als ich ihm berichtete, dass ich seit dem Klinikaufenthalt nie wieder Stimmen gehört hatte.

In der Klinik passierte ansonsten nicht viel. Es gab ein Aufnahmegespräch, bei dem die Ärztin alles falsch verstand, was ich sagte, und falsche Vermerke in der Akte machte, die mir einige Jahre später noch zum Verhängnis werden sollten.

»Nehmen Sie Drogen?«, fragte die Ärztin.

»Ich habe hin und wieder mal gekifft«, antwortete ich.

*Kifft regelmäßig,* schrieb die Ärztin in die Akte und fuhr fort: »Nehmen Sie auch andere Drogen?«

»Ich hab mal Pilze genommen. Ein Mal. Aber das ist lange her.«

*Nimmt auch andere Drogen,* vermerkte die Ärztin.

Das war's. Die Diagnose lautete nun: *Durch Drogen initiierte Psychose und auditive Halluzinationen.* Die Ärztin beschloss, dass ich Zyprexa nehmen sollte. Ein Antipsychotikum, das aufgrund seiner zahlreichen Nebenwirkungen stark umstritten ist. Und das bekam ich am eigenen Leib zu spüren. Fortan war mir die Kaffeetasse am Morgen zu schwer, um sie ohne lautes Klirren von der Untertasse abzuheben. Aber damit war ich nicht allein. Das Frühstück im Speisesaal war stets begleitet von diesen klirrenden Geräuschen, weil niemand auf meiner Station dazu imstande war, seine Tasse einfach anzuheben. Es ging alles mit Anstrengungen und Zittern vor sich.

Zyprexa entschleunigt dich und macht dich matt. Es betäubt alle deine Sinne. So hörst du natürlich keine Stimmen mehr und bist auch nicht mehr manisch oder Sonstiges. Ich fühlte mich wie ein Gespenst. In mir waren keinerlei Gefühle mehr vorhanden. Ich war wie ein Ei, das man in tausend Schichten Stoff gehüllt hatte. Nichts aus der Außenwelt konnte mich mehr berühren. Aber hätte man den ganzen Stoff weggenommen, so glaubte ich, hätte ich zerbrechen müssen.

Ich hasste diese Tablette und versuchte, die Pfleger zu überlisten, um sie nicht nehmen zu müssen, doch da war ich ja lange nicht die Erste. Sie durchschauten jeden Versuch und mischten es mir einfach unter das Essen, wenn sie mitbekamen, dass ich es nicht wirklich geschluckt hatte. Wie einem Hund. Die bittere Pille versteckte man in der Leberwurst, und der dumme Köter schluckte das Zeug.

Außer bei der Aufnahme wurde ich kein einziges Mal von einem Arzt untersucht. Es gab keinerlei Gesprächstherapie.

Nur Gruppensitzungen, in denen man zweifelhafte Gruppenspiele spielte, die mich an den Kindergarten erinnerten. Es gab einmal die Woche Ergotherapie. Das bedeutete, dass man sich im Werkraum traf und sich dort aussuchen durfte, ob man lieber Seidenmalerei machen wollte oder Kartoffeldruck oder Figurensägen. Und dann gab es noch einmal in der Woche Sport.

Niemand versuchte, mich zu heilen oder mir zu helfen. Ich fühlte mich wie abgestellt. Hier sollte ich nun bleiben, um niemanden mit den Stimmen in meinem Kopf zu gefährden. Es ging darum, mich ruhigzustellen. So fühlte ich mich jedenfalls.

Einmal in der Woche gab es die Arztvisite, und dann kamen vier Ärzte in mein Zimmer und redeten über mich, als ob ich gar nicht da wäre.

»Sie hat diese Woche Fortschritte gemacht. Sie ist oft auf dem Trimmrad der Station und grüßt alle freundlich.«

»Guten Tag!«, sagte ich und lächelte.

»Wie geht es Ihnen?«

»Besser. Ich fühle mich besser!«, log ich. Ich fühlte mich gar nicht besser, aber ich wollte da raus.

»Haben Sie noch Fragen?«

»Ja. Ich möchte bitte die Wirkungsweise von Zyprexa beschrieben bekommen.«

Eine der Ärztinnen setzte an, um mir eine hanebüchene Geschichte aufzutischen: »Sie müssen sich das so vorstellen: Ihr Kopf ist im Grunde wie das Straßennetz einer großen Stadt. Und nun stellen Sie sich vor, dass die Ampelschaltung ausgefallen wäre. In der gesamten Stadt sind die Ampeln aus, und alle fahren wild durcheinander. Überall ist Stau und Verkehrschaos. Die Menschen bauen Unfälle an jeder Ecke. Und jetzt kommt das Zyprexa ins Spiel. Das ist im Grunde ein Verkehrspolizist oder ein Lotse. Das stellt sich jetzt überall an die Synapsen, wo die Ampeln kaputt sind, und regelt den Verkehr.«

Ach so. Offenbar war ich nun wirklich zum Kindergartenkind geworden.

Ich habe bis heute keine adäquate Erklärung erhalten, wie dieses Mittel wirkt. Ja, ich habe in meinem ganzen Leben nie wieder Stimmen gehört. Allerdings hatte ich mich vorher niemals krank gefühlt, sondern immer nur überanstrengt und gestresst. Mit Zyprexa im Kopf und meinem Körper in einer Anstalt hatte ich mich kranker und falscher gefühlt, als das jemals vorher oder nachher der Fall gewesen war. Bestimmt gibt es Menschen, denen die Pharmaindustrie mit diesem Wirkstoff einen Gefallen getan hat. Ich aber verfluche dieses Zeug und habe es auch niemals wieder genommen.

Man entließ mich zwar mit der Anweisung, ich solle die Tabletten weiter nehmen und regelmäßig einen Neurologen aufsuchen, aber daran habe ich mich einfach nicht gehalten.

Ich verließ die Klinik, Michael verließ mich, und ich setzte die Medizin ab.

Ich habe nie wieder Stimmen gehört seitdem. Und ich fand eine Psychiaterin, die mir mit meinen Problemen besser half als die Klinik mit ihrem Medikament.

# 9.
## ERINNERUNGEN

An dieser Stelle scheint es mir angebracht, ein paar Worte zum Thema Erinnerung zu formulieren. Sätze wie: »Ich verließ die Klinik, und Michael verließ mich« klingen unlogisch und stimmen so natürlich auch nicht. Dennoch bestand ganz sicher ein Zusammenhang zwischen meinem Verlassen der Klinik und Michaels Verlassen meiner Person. Denn wie ich schon zuvor beschrieben habe, gefiel es Michael, eine verrückte Freundin zu haben. Ohne das seltsam anmutende Statussymbol Klinikaufenthalt war ich für ihn gewissermaßen wertlos.

Alles Weitere, was ich erzähle, ist das, was mein Gehirn aus der Geschichte gemacht hat, damit ich dabei am besten wegkomme. Ich habe Papa Stein vor ein paar Tagen angerufen, um den weiteren Ablauf der Geschichte abzuklopfen. Dabei fragte ich ihn, ob er sich an diesen einen bestimmten Vorfall noch erinnern könne.

Das tat er. »Es geschah mitten in der Nacht …«, hob er an, und schon da musste ich ihn unterbrechen.

»Entschuldige, aber das stimmt ja nicht. Das war am Tag. Das war so gegen elf Uhr am Vormittag.«

»Blödsinn, Maike. Wir kamen gerade von dieser Party.«

»Nein. DAS ist Blödsinn! Du warst gar nicht mit auf der Party. Ich war alleine auf der Party, und du hattest bei Steffan geschlafen, weil wir nämlich gerade getrennt waren und …«

»Alles totaler Quatsch!«, fand Papa Stein. »Wir haben zusammengewohnt, und wir waren zusammen auf der Party, und es war Nacht.«

»Okay.«

Dann war Stille.

Ich überlegte eine Weile und beschloss: »Dann werde ich das so schreiben, wie ich denke.«

»Wie du es denkst, ist es aber falsch.«

»Dann werde ich das eben dazuschreiben.«

Also schreibe ich es gerne dazu. Meine Erinnerung ist wie alle menschlichen Erinnerungen: wertlos. Das heißt nicht, dass ich mir das alles hier ausdenken würde. In meinem Kopf sehe ich Bilder vor Augen, auf denen diese Dinge genau so geschehen. Und beim Schreiben kommen auch die alten Gefühle wieder hoch. Gefühle, die ich wirklich gefühlt habe und die dankbar durch das kleine Ventil, das dieses Buch für mich ist, entweichen. Einige lautlos, andere mit einem großen Zischen und Knallen, als würde ein Boiler explodieren. Vielleicht sind die Gefühle das Einzige, woran wir uns erinnern können, und die Geschichten dazu sind ausgedacht. Aber ohne, dass wir es selbst bemerken. Unser Gehirn ist so viel schlauer als wir und schützt sich gut gegen sich selbst.

Ich habe mal ein interessantes Experiment im Fernsehen gesehen. Vor einer Polizeischule, wo gerade eine ganze Klasse angehender Polizisten stand, wurde ein Autounfall mit Fahrerflucht inszeniert. Ein blauer VW Golf rammte einen roten Opel Kadett und fuhr anschließend mit quietschenden Reifen einfach davon.

Die Polizeianwärter wurden schnell voneinander getrennt und zum Unfallhergang befragt. Jeder gab eine andere Sicht der Dinge zum Besten. Mal wurde der Golf gerammt und fuhr davon, mal war es der Kadett. Diese beiden Fahrzeuge hatten je nach Erinnerung der Polizeischüler alle Farben des gesamten Spektrums, und bei dem einen oder anderen kam weder ein Golf noch ein Kadett vor. In den Berichten tauchten BMWs und Audis auf.

Dieses Experiment beweist eindrucksvoll, dass im Grunde jede Verurteilung eines Menschen durch einen anderen Menschen als fragwürdig anzusehen ist. Niemand kann sich von seinem Gehirn befreien. In seinem Kopf hält jeder Mensch seine eigene Wahrheit für legitim. Dagegen kann man gar nichts unternehmen. Jeder ist das Opfer seines Verstandes und der vermeintlich Verrückte, der auf den öffentlichen Plätzen der Städte sein Unwesen treibt und mit sich selbst redend seine Schritte zählt; der eventuell noch einmal umkehrt und von vorn beginnt, weil er sich verzählt hat; der ist in seinem eigenen Weltbild gar nicht entrückt. Dein Verstand wird deinen Verstand immer für richtig erklären.

Es ist ganz hilfreich, sich diese Tatsachen hin und wieder vor Augen zu führen. Ein Wertesystem hat jeder. Und jeder ein anderes. Es gibt in dieser Hinsicht also kein richtig oder falsch. Jeder lebt für sich das richtige Leben. Und so kann ich die Dinge auch nur von meiner Warte aus betrachten und beurteilen.

Inzwischen habe ich begriffen, dass sich mit Papa Steins Wertesystem auch sein Verhalten legitim darlegen lässt. Deshalb habe ich es irgendwann aufgegeben, ihn zu verurteilen. Ich schreie ihm längst nicht mehr hinterher, dass er ein gemeines Arschloch ist oder dass er mich komplett im Stich gelassen hat. Ich höre auch keine Stimmen mehr, die das für mich erledigen. Ich habe damit meinen Frieden geschlossen, weil ich weiß, dass jeder mit seinen eigenen Fehlern klarkommen muss, und ich brauche mich für seine seither gar nicht mehr zu interessieren.

Ich glaube an so etwas wie Karma. Ich glaube, es gibt eine gewisse Zwangsläufigkeit in den Abläufen. Aktion und Reaktion. Mein Verhalten spiegelt sich in dem, was mir widerfährt. Ich kümmere mich inzwischen lieber um mich selbst. Um *mein* Verhältnis zu unserem Kind, um meine Probleme und Glücksmomente.

Es ist, wie meine Mutter damals sagte: Wenn du nichts mehr von ihm erwartest, kann er dich auch nicht mehr enttäuschen. Und das ist einfach wahr.

Auch wenn er mich schwer enttäuscht hat in der Vergangenheit.

# 10.
# HEY, LITTLE SISTER,
# WHO'S THE ONLY ONE?

Ich habe eine fünf Jahre jüngere Schwester. Dörte. Ich habe Dörte immer mit jeder Faser meines Körpers geliebt. Ich war teuflisch eifersüchtig auf sie, weil ich bis heute der Meinung bin, dass meine Mutter sie leichter lieben kann als mich. Dennoch hatte ich sehr viele innige Momente mit ihr, und im Grunde waren wir nach der Scheidung unserer Eltern – bei der beschlossen wurde, dass unsere großen Brüder beim Vater und wir bei der Mutter unterkommen sollten – eine kleine co-abhängige Lebensform.

Unsere Mutter, die wir als Hausfrau gewohnt waren, ging plötzlich arbeiten, und ich wurde ein sogenanntes Schlüsselkind. Dörte und ich waren ein bisschen wie die tragischen Figuren eines Disneyfilms. Wir fühlten uns beide vollkommen einsam und verloren, so dass wir eine eigene Form der Geborgenheit erfanden. Wir rollten uns zu einer kleinen Kugel zusammen und nuckelten an unseren Daumen, wobei wir mit der anderen Hand meist das Ohrläppchen der anderen streichelten.

Ich kann aus tiefster Überzeugung sagen, dass ich meine Schwester liebe.

Aber leider muss ich auch sagen, dass ich mich auf der anderen Seite vor ihr fürchte wie vor kaum einem Zweiten. Am meisten fürchte ich unsere Mutter. Aber Dörte folgt gleich dahinter. Ich werde auch das noch überwinden können eines

Tages, aber es ist tatsächlich sehr traurig, wie diese ganze Geschichte bisher ausging.

Nachdem ich die Klinik verlassen hatte und mich mit Laura alleine in dieser niedlichen kleinen Dachgeschosswohnung am Stadtrand wiederfand, stellte ich fest, dass das nicht mein Leben sein könnte. Ich konnte nicht im Dachgeschoss einer spießigen Kleinbürgerfamilie am Stadtrand mein Dasein fristen. Die Langeweile drohte wieder einmal, mich aufzufressen. Papa Stein arbeitete noch immer im Schichtdienst für dieses amerikanische Unternehmen, das sich peinlich genau an der Grenze deutscher Arbeitsgesetze entlangschlängelte, was die Arbeitszeiten und Schichtwechsel anging. So konnte ich mich also auch auf ihn weiterhin niemals verlassen. Zudem sagte er ständig, er habe seine Arbeitspläne gerade nicht zur Hand, so dass weitreichende Planungen auch immer ausfielen. Er war leider weiterhin wenig kooperativ in diesen Dingen und verplante jede freie Minute mit seiner Band. Mir gegenüber rechtfertigte er sich immer wieder, dass er müde und ausgelaugt sei, und sehr häufig wurde er unter der Belastung dann krank. Er war jedenfalls nie eine verlässliche Größe und kümmerte sich sporadisch, hier und da.

Meine Schwester war inzwischen 19 Jahre alt und lebte bei ihrem Ex-Freund in einer Einzimmerwohnung im Haus seiner Eltern. Sie waren bereits seit über einem halben Jahr getrennt, aber Dörte zog nicht aus, weil ihre Drogensucht sie daran hinderte. Ich dachte, ich hätte den Masterplan, als ich ihr vorschlug, eine Wohnung zu suchen, die groß genug für uns alle drei wäre: für sie, meine Tochter Laura und mich. Sie musste mir versprechen, in unserer Wohnung keine Drogen zu sich zu nehmen, und das tat sie. Also suchte ich uns ein neues Heim.

Damals dachte ich, dass ich meine Schwester retten würde. Ich dachte, es wäre gut, sie von ihrem Ex-Freund zu entfernen, und ich dachte auch, dass wir einander unterstützen würden und dass der Ortswechsel plus die neue Perspektive ihr die Drogen ersetzen könnten. Doch da hatte ich mich natürlich komplett geirrt. Sie war süchtig, und ich war keine kompetente Hilfe, um sie von der Sucht zu befreien.

Zunächst ließ sie es mich nicht merken, aber sie nahm weiter ihre Drogen, und unsere Wohnung versank im Chaos. Auf einmal hatte ich also zwei Kinder, und es dauerte auch nicht lange, bis ich hinter den Schwindel kam.

An dem Tag, an dem sie es nicht länger vertuschen konnte, zerstörte sie die gesamte Wohnung. Glücklicherweise war Laura an diesem Tag bei Papa Steins Mutter, so dass sie dieses Desaster nicht miterleben musste. Meine Schwester wusste nicht, wie ihr geschah und warum sie es tat, aber sie riss sämtlichen Inhalt aus allen Küchenschränken und schmiss alles in den Flur. Der Boden war bedeckt mit Scherben, Besteck und Lebensmitteln, die Toilettenbrille zerbrochen. Es war ein einziges Chaos.

Ich hatte die Schnauze gestrichen voll und rief die Polizei, um ihren Dealer anzuzeigen. Langsam wurde die Geschichte kompliziert. Natürlich verzieh mir meine Schwester das nicht. Fortan stritten wir. Jeden Tag. Mit und ohne Grund. Papa Stein schlug sich dabei immer häufiger auf ihre Seite und fand, ich sei zu hart zu ihr. Wie sollte sie denn jemals ihr Verhalten ändern, wenn ich sie nur immerzu frustrierte?

Ich konnte es nicht fassen.

Zuerst ließ Papa Stein mich im Stich, dann war es meine Schwester, die mich maßlos enttäuschte und in eine enorme

Verantwortung zwang, und nun steckten die beiden auch noch unter einer Decke und zeigten von dort aus mit dem Finger auf mich. Es kam mir so vor, als sollte ich in diesem Spiel der Buhmann sein. Auf einmal sollte ich an allem schuld sein.

Sogar an der Drogensucht meiner Schwester trage ich eine gewisse Verantwortung, fand Papa Stein, weil ich sie nicht mit Liebe bekämpfte, sondern die Polizei rief. Drogensüchtige brauchen Aufmerksamkeit, fand Papa Stein, und ich wurde immer wütender, weil niemals irgendjemand darüber nachdachte, dass auch ich ein wenig Liebe und Zuwendung durchaus hätte gebrauchen können.

Es war, als wäre ich mit dem Eintritt in die Schwangerschaft einen geheimen Vertrag eingegangen, der besagte, dass es nun nie wieder um mich gehen würde, ich aber meinerseits von nun an für alles zur Verantwortung gezogen werden könnte. Ich habe in zahlreichen Gesprächen dieses Muster immer wieder entdecken können. Viele Mütter berichten davon, dass sie mit dem Einstieg in die Mutterschaft quasi einen stillen Vertrag eingehen, dass sie fortan starke Mutterwesen sind und nichts mehr zu beklagen haben. Mütter werden in Deutschland noch immer für Erziehungsmaschinen gehalten, die ihre Gefühle ausschalten können, um die Chancen ihres Kindes einzuschalten.

Als Frau gilt man als »erwachsen«, wenn man sich eine Mutter nennt. Ab der Mutterschaft werden dann Sätze gültig wie: »Reiß dich zusammen. Du bist die Mutter.« Oder »Du bist die Erwachsene!« oder »Du trägst Verantwortung. Einen Ausfall kannst du dir nicht leisten!« etc. Diese Sätze sind keine Ausnahme. In den deutschen Köpfen ist noch immer stark verankert, dass eine Mutter Bezugsperson Nummer eins ist für ein Kind und dass sie daher in den Hintergrund treten muss, um den Kleinen quasi ALLES zu ermöglichen.

Irgendwann stellte ich fest, dass Dörte ein seltsames Grinsen zierte, wann immer der Name von Papa Stein fiel. Ob sie sich etwa in ihn verliebt habe, fragte ich sie. Aber nicht doch. Sie bestritt, irgendetwas für ihn zu fühlen, aber ich spürte, da war etwas in ihrem Blick. So ein Funkeln. Eindeutig steckte da irgendwas dahinter. Ich sagte ihr, wenn sie in ihn verliebt wäre, müsse sie mir das sagen. Denn Papa Stein und ich hatten uns nun schon unzählige Male getrennt und wiedervereint, und unser Verhältnis sei ja weiterhin ungeklärt. Würde sie sich in ihn verlieben, so müsste ich ausziehen. Sie könne dann ja nichts dafür, aber ich würde so unmöglich mit ihr zusammenleben können. Doch Dörte stritt das ab.

Ich habe Papa Stein und meine Schwester viermal in meinem eigenen Bett erwischt. Vermutlich, weil mein Zimmer ordentlich war und ich einen DVD-Player besaß. Schon bei den ersten drei Malen hatte ich getobt, aber sie hatten alles abgestritten. Als ich sie das vierte Mal erwischte, gab es nichts mehr abzustreiten. Wütend rannte ich in Dörtes Zimmer, packte wahllos irgendwelches Zeug von ihr in eine Reisetasche und warf diese Reisetasche dann auf die Körper in meinem Bett. »Wenn du meinst, du kannst es besser, Papa Stein, dann nimm sie doch mit!«, schrie ich, und Papa Stein nahm Dörte mit und sie zog bei ihm ein, und seither sind die beiden ein Paar. Sie leben nun schon seit sechs Jahren zusammen, und inzwischen kann ich damit auch besser umgehen, aber es hat lange gedauert, damit leben zu können.

Papa Stein und Dörte haben sich niemals dafür bei mir entschuldigt. Im Gegenteil. Bis heute reden sie sich damit raus, dass wir zu diesem Zeitpunkt ja kein Paar gewesen seien, Papa Stein und ich, und mir versuchten sie ein schlechtes Gewissen zu machen.

»Wo die Liebe hinfällt!«, sagten sie und dass ich mich mit meinen Tränen nur in den Mittelpunkt drängen wolle.

Ja, das wollte ich ja auch. Selbstverständlich wollte ich mich gerne zwischen sie drängen und laut herausbrüllen, dass es eine Ungerechtigkeit sei. Ich wollte gesehen und gehört werden, aber alle Welt ignorierte mich. Ich rief meine Mutter an und erzählte ihr von diesem Unrecht.

»Die beiden haben schon immer besser zusammengepasst. Da haben sich doch zwei Chaoten gesucht und gefunden!«, war alles, was meiner Mutter dazu einfiel.

Ich fand das alles so ungerecht! Ich verstand nicht, wieso es jetzt legitim sein sollte, dass der Vater meines Kindes mit meiner Schwester schlief. Aber für den Rest der Welt schien es das zu sein. Zugegeben: Papa Stein und meine Schwester sind ein schönes Paar, und sie passen auch tatsächlich besser zusammen, als Papa Stein und ich es jemals taten. Heute kann ich das auch genau so sehen, und ich habe sogar entschuldigt, wofür niemand jemals um Entschuldigung gebeten hat, aber bis heute fällt es mir schwer, mit meiner Schwester zu reden. Ich misstraue ihr und kann ihr nicht verzeihen, weil sie mich nie um Entschuldigung gebeten hat. Es ärgert mich maßlos, dass die beiden ihr Verhältnis immer für vollkommen normal hielten. Da ich mich schon lange vom Großteil meiner Familie getrennt habe, komme ich aber auch gar nicht in die Verlegenheit.

# 11.
# BERLIN, BERLIN,
# WIR ZIEHEN NACH BERLIN!

Ich habe mein Leben so gehasst zu dieser Zeit. Ich konnte nirgendwo mehr hingehen in dieser kleinen Stadt, ohne dass ich befürchten musste, dort auf die beiden zu treffen. Fast alle meine Freunde waren auch Papa Steins Freunde, und auf jeder Party, auf der ich eingeladen war, zu jeder Theaterpremiere und allen Konzerten war auch Dörte eingeladen. Ich mied fortan alles und verschanzte mich in dieser Wohnung, die ich alleine gar nicht zahlen konnte.

Ich brauchte also dringend eine neue Wohnung und ein neues Leben. Doch mir fiel kein neues Leben ein. Als alleinerziehende Mutter boten sich mir auch nicht eben viele Chancen. In Bochum gab es weder eine Textagentur noch andere Angebote, die zu meinen Qualifikationen passten. Die einzigen für mich interessanten Stellen sah ich im Schauspielhaus Bochum, doch als Alleinerziehende konnte ich einen Beruf im Theaterbereich vergessen. Sämtliche Zeitpläne solcher Berufe sind mit der Elternschaft nur zu vereinen, wenn man nicht alleine für die Betreuung seiner Kinder sorgen muss. Papa Stein redete sich ständig mit seiner Arbeit heraus, meine Mutter lebte in Italien und mein Vater in der Nähe von Düsseldorf.

Ich war nun endlich wahrhaftig mutterseelenalleinerziehend. Ich war die Einzige, die sich um Laura kümmerte. 24 Stunden. Jeden Tag. Es gab in meinem Leben nun endgültig keinerlei

Ausgleich mehr. Ich fühlte mich wie eine Gefangene, die ohne Unterlass funktionieren musste.

Glücklicherweise hatte ich Laura schon während der Schwangerschaft in einem Kindergarten angemeldet. Die Wartelisten waren derzeit tatsächlich so lang, und heute sind sie noch länger, dass ich nur so sicherstellen konnte, dass Laura ab ihrem dritten Lebensjahr einen Betreuungsplatz hatte. Als sie dann diesen Kindergarten besuchte, hatte ich Zeit, Lieder und Texte zu schreiben. An den Wochenenden übernachtete Laura außerdem nun hin und wieder bei der Mutter von Papa Stein. Diese Betreuung durch die Großmutter war aber leider immer ebenso belastend, wie sie hilfreich war, weil sie keine Gelegenheit ausließ, ihre übertriebenen Ängste und Sorgen auf mich und Laura zu übertragen. Sie kritisierte, wie ich Laura kleidete, dass ich sie zu wenig eincremen würde etc. In alles mischte sie sich ein und ließ keine andere Meinung gelten.

Ich fühlte mich immerzu fremdbestimmt. Entweder musste ich Laura den Ton vorgeben lassen und meinen Alltag einzig nach ihr richten, oder ich konnte die Betreuung durch die Großmutter annehmen, die dann ihrerseits die Marschrichtung anzugeben gewillt war. Alles war immer ein Kompromiss. Die Wertevorstellungen und Ängste der Großmutter waren immer zu hoch für mich, aber wenn ich auch mal Freizeit haben wollte, musste ich mich auf ihre Vorgaben einlassen. Ich begann mit dem Gedanken an Flucht zu spielen. Das erste Mal erwachte in mir die Idee, Bochum zu verlassen. Ich begann zu träumen und suchte im Internet nach Agenturen in meiner Lieblingsstadt Hamburg. Die Liebe zu Hamburg ist mir von meiner Oma eingetrichtert worden. Die hatte als 15-Jährige dort eine Hauswirtschaftslehre begonnen, um als 18-Jährige heiratsfähig in ihr Dorf zurückzukehren, und immer wieder hatte sie mir von der Stadt vorgeschwärmt. Nachdem ich Hamburg das erste Mal gesehen hatte, teilte ich sofort ihre Liebe. Die Romantik der Landungsbrücken ist für mich bis heute ungebrochen. Ich schaute mich also nach Agenturen und Wohnungen dort um und verschickte Initiativbewerbungen. Die Mietpreise waren erschreckend hoch, wie ich feststellen musste, aber ich rechnete fest damit, dass sich eine Stelle finden ließe, mit der sich dieser Aufwand würde bezahlen lassen.

Zum Glück fand ich in dieser Phase neue Freunde in Dortmund, und wann immer es mir möglich war, verbrachte ich meine Zeit nun also in der Nachbarstadt.

Dort lernte ich auf dem Betriebsfest eines Vaters meiner Freunde schließlich Peer kennen. Peer war aus Berlin und gab auf dem Fest ein Konzert. Ich kannte seine Musik schon von YouTube und war heimlich sein allergrößter Fan. Und genau so wurde ich ihm auch von einem Freund vorgestellt. »Das ist Maike. Ohne die wärst du gar nicht hier. Die hat uns alle angefixt mit deiner Kunst. Maike ist dein größter Fan!«

Mir war das superpeinlich, aber Peer zum Glück nicht. Er verbrachte die ganze Nacht im Gespräch mit mir, und schon am nächsten Morgen fand er, ich solle unbedingt nach Berlin ziehen.

Nach Berlin ziehen? Ich? Ich fand das vollkommen abwegig. War ich doch gerade erst zu dem Schluss gekommen, dass ich die Stadt Hamburg liebte, und hatte soeben ein paar Initiativbewerbungen als Texterin in dieser Stadt verschickt. Doch Peer war überzeugt, dass ich nach Berlin gehörte, und Peer war verknallt in mich. Und als sein allergrößter Fan war ich selbstverständlich auch in ihn verknallt.

Peer sagte, ich solle Bochum so schnell wie möglich verlassen.

In diesem Punkt war ich seiner Meinung, aber ich wollte nach Hamburg. Weg von Bochum, das war gar nicht mehr die Frage. Dort hielt mich gar nichts mehr. Im Gegenteil: Alles trieb mich fort von dort. Ich hasste Bochum. Aber Berlin? Diese große Stadt der Verlorenen? Die Hauptstadt der Singles, das Mekka der Arbeitslosen? Das konnte ich mir beim besten Willen nicht vorstellen.

Doch schon bald sollte ich meine Meinung dazu ändern. Die Hamburger Agenturen antworteten zum Teil gar nicht, teils erhielt ich Absagen, doch viele der Antwortschreiben waren »positiv«. Man freue sich über meine Bewerbung, und ich solle doch bitte den Copytest machen, um mich auf ein Praktikum zu bewerben.

Praktika! Unzählige Versprechen auf Praktika ereilten mich. Ein echter Job war nirgendwo zu haben. Dabei hatte ich bereits als Texterin gearbeitet und verfügte über alle nötigen Qualifikationen und Nachweise. Außerdem kannte ich den Spießrutenlauf der Praktika ja bereits, und mir war klar, dass ich als Alleinerziehende nicht wieder dieselbe Leistung würde erbringen können, die mir seinerzeit zum Quereinstieg verholfen hatte. Und als ebenso aussichtslos stellte sich die Wohnungssuche heraus. Die Hamburger Mietpreise waren mit dem Gehalt eines Praktikanten im Leben nicht zu bezahlen. Und dann war da noch die Betreuungsfrage.

Es war vollkommen aussichtslos. Meine bisherigen Tätigkeiten lagen in den Bereichen Film, Theater und Kommunikation. In der Kommunikation boten sich nur die Praktika, für Film und Theater hätte ich flexible Arbeitszeiten gewährleisten müssen. Ich schrieb immer weiter an meinen Liedern und Geschichten, sandte Manuskripte an Verlage und versuchte es auf diesem Weg. Doch dabei blieb ich lange Zeit erfolglos. Es kam für mich allerdings niemals in Frage, mit irgendetwas anderem unseren Unterhalt zu bestreiten als mit dem Schreiben.

Peer und ich unterhielten inzwischen eine Fernbeziehung. Wir telefonierten jeden Abend, und Peer wurde nicht müde, mich in seine Stadt zu locken. »Berlin ist großartig!«, schwärmte er. »Und du kannst alle meine Freunde haben.«
Irgendwann hatte er mich so weit. Ich hatte nämlich voreilig meine Wohnung gekündigt, deren Kosten mich schon längst in Schulden gestürzt hatten. Inzwischen war es fünf vor zwölf, und eine Lösung musste her.
In Berlin hat jedes Kind ein Recht auf einen Kitaplatz. Außerdem liebäugelte ich sehr mit dem Berliner Schulsystem, bei dem die Kinder bis zur Beendigung der sechsten Klasse die Grundschule besuchen. Einiges sprach für die Stadt. Meine Beziehung, die besseren Betreuungsangebote, die derzeit noch günstigen Mieten, die tausend Spielplätze und Planschen und das unschlagbare kulturelle Angebot.
Ich beschloss kurzerhand, nach Berlin zu ziehen. Um möglichst schnell eine Wohnung zu finden, vereinbarte ich sofort einige Besichtigungstermine.

# 12.
## UMZUG INS NICHTS

Leider wurde nichts aus den Wohnungsbesichtigungen. Der Tag, an dem ich in ein neues Leben starten wollte, ging so gründlich schief, dass ich nicht in Berlin ankam. Nach einer größeren Auseinandersetzung mit meiner elektrischen Kaffeemühle sah mein Finger aus wie ein Feuerwerk. Tapfer setzte ich mich trotzdem ins Auto Richtung Hauptstadt.
Kurz vor Haldensleben war allerdings Schluss. Hier war mir nämlich zu Bewusstsein gekommen, dass mein morgendlicher Kaffee nach Eisen geschmeckt hatte … ICH HABE MEINEN FINGER GETRUNKEN!
Bei Kilometer 104, A 2 Richtung Berlin, wurde ich bewusstlos.

Nachdem ich also meinen Finger getrunken und mein Bewusstsein verloren hatte, verpasste ich die Wohnungsbesichtigungen. Peer wiederholte darum sein Angebot, dass ich erst mal zu ihm kommen könne. Ich hatte meine Zweifel. Bisher hatte er meine Tochter nicht einmal kennengelernt, und ich war nicht sicher, ob das alles so funktionieren würde. Aber er ließ keine Zweifel zu. »Das wird schon!«, fand er, wir sollten uns eingeladen fühlen.
Also fühlten wir uns eingeladen. Schließlich hatten wir nun schon längst keine Wahl mehr. Der Mietvertrag war gekündigt, und irgendwo würden wir wohnen müssen. Also eben erst einmal bei Peer. In Berlin.
Meine Tochter brachte ich für den Umzug erneut zu ihrem

Vater und meiner Schwester. Doch der Umzug sollte sehr viel länger dauern als geplant.

Es begann damit, dass Peer in der Woche vor dem Umzug plötzlich nicht mehr zu erreichen war. Nicht am Montag, am Dienstag nicht, Mittwoch und Donnerstag ebensowenig. Es wurde Freitag, und er beschloss, mal wieder meine Anrufe zu beantworten.

Es waren noch genau zwölf Stunden bis zum Umzug. Ich saß auf einem Karton, nachdem ich fertig geworden war mit dem Packen, und wählte seine Nummer. Endlich ging er ran.

Doch er war seltsam. Er sprach kaum etwas und wirkte betrübt. Ich zog ihm literweise Schnodder aus der Nase, bevor endlich das Wesentliche zutage kam. Nun, es gebe da schon ein Problem …

Seine Ex-Freundin hatte ihn angerufen und mitgeteilt, dass sie ein Praktikum in Berlin beginnen würde, und er hatte sie kurzerhand einfach auch in seine Wohnung eingeladen. Im Kopf begann ich die Quadratmeter seiner Wohnung zu teilen und kam dabei zu dem Schluss, dass es schlicht nicht gehen würde. Das teilte ich ihm mit.

Er widersprach. Es würde schon passen, da er mich nun wieder ausladen wolle. Überhaupt habe er bemerkt, dass er seine Ex-Freundin noch liebte, und unter diesen Umständen sei ja nun wirklich kein Platz für mich und mein Kind in seiner Wohnung oder sonst irgendwo in seinem Leben.

Das war ein Schock! Inzwischen hatten wir Mitternacht. In zehn Stunden würden meine Umzugshelfer erscheinen und die Kartons und Möbel in einen Lieferwagen schleppen. Aber wohin – um Himmels willen – sollte ich diesen Lieferwagen denn dann fahren?

Mein »Freund« bat mich, ihn nicht zu hassen, und ich versprach, dass es nichts zu bedeuten habe und ich darum jetzt auflegen und nie wieder anrufen würde. Wir legten auf, und ich schrie aus voller Kehle. Mein Jammern hallte von den kahlen Wänden wider, und ich fühlte mich erneut erbärmlich.

Was nur war verkehrt mit mir, dass alle Männer lieber auf meine Familie oder ihre Ex-Freundin zurückgriffen, als mit mir zu leben? Ich schrie und heulte so lange, bis ich mir zutraute, einen Freund anzurufen. Ich schnappte immer wieder nach Luft und schüttelte mich vor Heulkrämpfen, als ich dem Helden Ali von dem Desaster berichtete.

Er kam sofort rum und tröstete mich. Ali verbrachte die ganze Nacht damit, beruhigend auf mich einzureden. Ich lag wie ein Baby in seinem Arm und nuckelte sabbernd an seinem Pullover, während er einen Plan austüftelte. Bis alles stand.

So klang es jedenfalls, während er darüber sinnierte: »Du ziehst morgen trotzdem nach Berlin. Du lässt dich doch von so einem Trottelweichei nicht davon abbringen, in die Hauptstadt zu ziehen! Wir schmeißen morgen alles in den Wagen und fahren einfach los. Auf der Autobahn senden wir an alle Leute in unserem Telefonbuch die Nachricht, dass du sofort eine Wohnung in Berlin suchst. Erst mal kannst du in einem Zirkuswagen unterkommen. Der gehört einem Freund von mir. Ich bleib bei dir, bis du eine Wohnung hast, und dann ziehst du da ein. Das wäre doch gelacht!«

Ich war müde, und ich war am Boden, also nahm ich Alis Plan dankbar an. Ich hatte nichts mehr zu verlieren. Vor mir lag das große weite Nichts. Das Gebirge in meinem Bauch wurde zu einem Wolkengebirge, und es verzog sich endlich in tausend kleinen Streifen. Ich konnte ein Stück Himmel sehen.

Und am nächsten Abend schlief ich bereits das erste Mal in einem Zirkuswagen.

## 13.
## WER SOLL DAS BEZAHLEN?

Also der Zirkuswagen. Es war Winter, es war kalt, und ich hatte nur einen kleinen Ofen. So beginnen wohl zahlreiche Geschichten über das Nichts.
Aber ich hatte nicht nichts. Ich hatte Freunde. Allen voran Ali.
Ich kann nur jedem raten, der sich dazu entschließt, ein Kind zu bekommen, Freunde zu haben. Gute, echte, richtige Freunde. Denn die Liebe zerbricht allzu oft. Vor allem im Angesicht der Familiengründung, wo plötzlich gar nicht mehr so sehr das Paar, sondern vielmehr die Brut im Vordergrund steht.
Dank des Netzwerks von Freunden hatte ich noch auf der Autobahn Richtung Berlin eine Antwort erhalten. Der Freund eines Freundes einer Freundin hatte zufällig eine geeignete Wohnung, für die er genau in diesem Moment dringend einen Nachmieter suchte.
Die Nachmieterin wurde ich. Ali und ich trommelten ein paar Helfer zusammen, und schon hatte ich eine wunderschöne Altbauwohnung in Prenzlauer Berg mit hohen Stuckdecken, drei riesigen Zimmern und einem langen Flur für Dreiradfahrten. Ich saß im Trockenen, der Zirkuswagen war Geschichte. Glück gehabt!

Doch der nächste Schlag ließ nicht lange auf sich warten. Die Hausverwaltung schickte mir den neuen Mietvertrag zu, auf dem plötzlich eine ganz andere Summe stand als die, von der ich ausgegangen war. Die Miete passe nicht mehr zum Mietspiegel, teilte man mir mit, und die Miete wurde um satte 150 Euro erhöht. Eigentlich keine große Sache, aber für mich machte es einen Riesenunterschied. Diese 150 Euro mehr konnte ich einfach nicht aufbringen und war somit gezwungen, mir wieder etwas Neues zu suchen.

Aber ich konnte nicht mehr. Ich resignierte.

Nach all den Kämpfen, die ich für diesen Umzug hatte durchstehen müssen, reichte die Kraft einfach nicht mehr für eine weitere Wohnungssuche oder Verhandlungen mit dem Vermieter. Ich begann, Schulden anzuhäufen. Jeden Monat die Summe von 150 Euro, denn ich zahlte brav die ursprüngliche Miete und keinen Cent mehr. Hin und wieder konnte ich Untermieter einquartieren, die diese Differenz für mich beglichen, doch diese Einnahme hatte ich nicht regelmäßig.

Außerdem brachte auch jeder Untermieter seine spezifischen Probleme mit sich, und am Ende verkomplizierten diese Mitbewohner mein Leben eher noch mehr, als dass sie eine Hilfe waren.

Zum Beispiel Jan. Jan war Single, kurz vor vierzig, und Jan bekam einfach gar nichts auf die Reihe. Wieder einmal lebte ich mit jemandem zusammen, der nicht aufräumte, nicht putzte, nicht einkaufte und sich überdies auch noch seltsam benahm. Jan hatte sich mir als Künstler vorgestellt, doch schon bald sollte ich herausfinden, dass seine einzige Kunst darin bestand, ein Freak zu sein.

Er hatte keine Freunde und verbrachte immer die ganze Nacht in der Küche, wo er »Kunst« machte. Zum Beispiel kam ich eines Morgens in unsere Küche und fand auf dem Tisch ein Schlachtfeld aus Tabak. Im Mülleimer lagen drei leere Tabakpakete, deren Inhalt Jan auf dem Tisch verteilt hatte.

Dazwischen lagen lauter kleine unförmige Objekte, zusammengesteckt aus Stecknadeln und Architektenpappe. Ich erkannte nicht die große Kunst dahinter und räumte den Tisch leer, um unser Frühstück darauf zuzubereiten. Nachdem ich Laura in den Kindergarten gebracht hatte, erschien irgendwann Jan auf der Bildfläche und bekam einen Wutanfall. Was ich mit seinem Werk veranstaltet hätte.

»Entschuldige bitte. Aber Teil DEINES WERKES war MEIN Küchentisch, und den brauche ich halt für unsere Mahlzeiten. Du musst deine Kunst wohl woanders ausstellen.«

Aber Jan stellte ja gar nicht aus. Seine Eltern überwiesen mir die Miete, und eines Tages schienen sie darauf keinen Bock mehr zu haben. Ich hatte auch sowieso schon lange keine Lust mehr auf Jan. Er baggerte immerzu meine Freundinnen an und versuchte, sie in sein Zimmer zu locken. Einige wollte er gerne nackt zeichnen. Wenn Jan zeichnete, zeichnete er meist bloße Striche in seinen Block, die für niemanden außer ihn irgendein Bild ergaben.


Nachdem ich ihn sowieso schon darum gebeten hatte, auszuziehen, und er nun also ewig nach jemandem suchte, der ähnlich verzweifelt wie ich wäre, ihn bei sich aufzunehmen, traute ich mich endlich, ihn zu fragen, wie es komme, dass sich alle meine Freundinnen durch ihn belästigt fühlten, er Ähnliches aber noch nie bei mir probiert habe.

An diesem Abend erklärte Jan mir, dass es Frauen und Mütter gebe. Ich sei eine Mutter, aber er interessiere sich nur für Frauen. Mütter seien ihm zu liebevoll und brav. Er wolle lieber eine echte Frau. Eine wilde Liebhaberin.

Ab diesem Abend beschloss ich, dass es in Ordnung wäre, ihn einfach zu hassen und in Zukunft zu ignorieren. Er fand natürlich keine Bleibe. Also organisierte ich kurzerhand ein paar starke Freunde, die sich in sein Zimmer stellten, mit verschränkten Armen, und ihn noch einmal für mich »baten«, zu gehen. Es gibt Männer und es gibt Muskelmänner, muss Jan an diesem Tag gedacht haben. Und Muskelmänner wollte er aber nicht.

Also war ich ihn endlich los. Die ganze Geschichte hat mich so viel unnötige Energie und Zeit gekostet. Er war eine reine Verschwendung. Und einen neuen Untermieter konnte ich nach Jan leider nicht mehr finden. Meine Ansprüche an Mitbewohner waren durch Jan enorm gestiegen, und niemand schien diesen Kriterien gerecht zu werden. Im Grunde sträubte sich auch alles in mir gegen einen Mitbewohner, weil ich noch nie ein Freund von WGs gewesen war und das alles immer nur aus finanziellen Gründen mitgemacht hatte. Ich fand niemanden, aber in Wahrheit wollte ich auch niemanden finden. Im Grunde wollte ich einfach nur eine bezahlbare Wohnung für mich und Laura.

Nun hatte ich ein weiteres Problem: Ich war mutterseelenalleinerziehend, ich war arm und nun auch noch verschuldet.

Ich begann natürlich, mir Jobs zu suchen. Alle Jobs, die ich gerne gemacht hätte, konnte ich mir gleich aus dem Kopf schlagen. Mein Können und mein Interesse liegt neben dem Schreiben noch im Film- und Theaterbereich. Ich habe im Alter von 17 Jahren die Schule abgebrochen, um am Theater zu arbeiten. Ich habe bei Film- und Theaterproduktionen mitgewirkt als Kameraassistentin, als Regieassistentin und Hospitantin. Danach folgte der Quereinstieg als Texterin und Konzepterin in eine Werbeagentur.

Dahin wollte ich eigentlich nicht zurück. Ich hielt mir diese Option noch eine Weile zum Geldverdienen offen, aber am liebsten wollte ich wieder in den Kunstbereich gehen. Meine

Manuskripte waren von den Verlagen bisher sämtlich ungelesen zurückgesandt worden, also sah ich mich nach Jobs im Theater- und Filmbereich um. In dieser Branche gibt es aber keine Jobs für Menschen, die nebenher noch ein anderes Leben haben. Man arbeitet von früh bis tief in die Nacht, auf Abruf und mit einer Menge Verantwortung. Es gibt keine Halbtagsstellen für Regieassistenten oder Dramaturgen. Man kann weder Runner noch Continuity noch sonst irgendein Verantwortlicher beim Dreh eines Films sein.

Ich musste mich also in anderen Bereichen umsehen. Werbung wollte ich nie wieder machen. Die Arbeit in der Werbung hatte nichts weiter gebracht, als dass sie meine gesamte Kreativität aufsog und mir nichts mehr davon zurückließ. Alle Kreativität floss in die Produkte anderer Menschen. Das alles hatte nichts mit mir zu tun, und ich bekam nichts zurück von diesen Texten.

Ich liebe Sprache, und es war mir stets ein Dorn im Auge, sie für derlei Texte zu missbrauchen. Ein kreativer Werbespot kann etwas sehr Schönes sein. Aber es ist nie mehr als eben Werbung. Sie kann kunstvoll sein, aber Werbung ist niemals Kunst. Ich hatte mir geschworen, dass ich nie wieder in die Werbung zurückgehen würde.

Stattdessen arbeitete ich halbtags in einem Supermarkt, bis mich diese Stelle komplett frustrierte. Ich versuchte es als Kellnerin in einem Café und war allzu schnell überfordert mit dieser Aufgabe. Für einen solchen Beruf bin ich einfach nicht gemacht. Ich war zu langsam, zu vergesslich, zu ungeschickt. Das Einzige, was ich in der Zeit als Bedienung gelernt habe, ist, nie wieder einer Caféangestellten böse zu sein, weil sie mit den Bestellungen nicht zurechtkommt. Ich habe Toleranz und Verständnis gegenüber Servicekräften gelernt. Wie man Menschen bedient, diese Weisheit blieb mir verborgen.

Ich arbeitete am Fließband und für Zeitarbeitsfirmen. Das alles hatte immer nur das eine erschöpfende Ergebnis. Ich konnte in diesen Berufen nie genug verdienen, um mich aus der Unterstützung des Jobcenters zu lösen, war aber dazu gezwungen, den Großteil meiner Abgaben an dieses abzutreten.

Es ist absurd und schon oft angemerkt worden. Die Bestimmungen von Hartz IV zwingen einen geradezu, in dieser Abhängigkeit zu bleiben. Als Mutter mit einem Kind durfte ich genau 140 Euro zum Hilfesatz dazuverdienen. Eine lächerliche Summe, die unser Leben nicht in der Form verbessern konnte, dass es meinen Aufwand gerechtfertigt hätte.

Die Minijobs laugten mich aus. Ich litt unter Depressionen und fühlte mich wertlos. Ich konnte diese Art der Erwerbsarbeit irgendwann nicht mehr ertragen. Ich sah es nicht ein, dass ich meinen Körper einem Unternehmen zur Verfügung stellte, das nichts mit meinen Träumen und Wünschen zu tun hatte. Im Gegenteil: Ich verurteilte die Politik der Supermärkte und Restaurants, die ihre Mitarbeiter ausnutzen und ihnen dafür quasi nichts zurückgeben. Ich verschwendete meine Zeit, ohne dafür wirkliches Geld zu sehen.

Man darf mir nun gerne Faulheit vorwerfen. Meinetwegen Disziplinlosigkeit oder Arroganz. Aber wer kann ernsthaft verlangen, dass Menschen sich in Beschäftigungen quälen, die ihnen keine Freude bereiten, aber vieles abverlangen, um sie am Ende mit höchstens 140 Euro dafür zu entlohnen? Wer will ernsthaft diese Schar frustrierter Mütter, die mit hängenden Mundwinkeln ihre Kinder ins Bett bringen? Wem sollte das irgendetwas nutzen? Mit diesen 140 Euro konnte ich nicht einmal meine Mietdifferenz überbrücken. Es ergab für mich schlicht und ergreifend keinen Sinn zu jobben.

Ich möchte an dieser Stelle unbedingt erwähnen, dass ich selbstverständlich den größten Respekt habe vor den vielen

Menschen in diesem Land, die so arbeiten. Ich habe Respekt vor ihrer Kraft, jedoch nicht vor ihrem Handeln. Diese Menschen tun mir leid, und ich finde nicht, dass sie sich in derlei Beschäftigungen zwingen lassen sollten, deshalb hält sich mein Respekt in Grenzen. Ich respektiere und bewundere sogar die Stärke, die einen in einem solchen Leben jeden Tag aufstehen und zur Arbeit gehen lässt, aber ich bin nicht der Meinung, dass sich irgendjemand tatsächlich in solche Beschäftigungen zwingen lassen sollte. Wir brauchen dringend einen Mindestlohn und gerechtere Arbeitsmarktrückführungsprogramme. Das derzeitige System verweigert jedem die Chance auf einen sozialen Aufstieg, weil der zu erreichende Mehrverdienst einfach keine Motivation darstellt, da man mit 140 Euro mehr noch immer keine Existenz, geschweige denn mehrere erhalten kann.

Also ließ ich es bleiben und feilte weiter an meinem Masterplan. Ich arbeitete an einem Roman und meiner Musik und versuchte, selbst etwas zu schaffen, von dem ich vielleicht am Ende würde leben können. Mit anderen Worten: Ich arbeitete fortan unbezahlt an eigenen Projekten, in die ich meine ganze Kraft investierte, und ich arbeitete weiterhin an der Erziehung meiner Tochter.

Ja. Das ist nämlich Arbeit!
Eine Leserin meines Blogs mutterseelenalleinerziehend.de hat in einem Kommentar auf dieser Seite Folgendes angemerkt: »Ganz nebenbei empfand ich es schon immer als unfair, dass man als Tagesmutter die Kinder anderer Menschen betreut und dafür vergütet wird, wohingegen, wenn man zu Hause die eigenen Kinder versorgt, nach spätestens zwei Jahren der finanzielle Ofen komplett aus ist.«
Und so ist es. Vater Staat wünscht sich Kinder. Und Vater

Staat wünscht sich aber auch, dass diese Kinder gesund und leistungsstark sind. Sie sollen wohlerzogen sein, die Gesetze unserer Gesellschaft befolgen und eines Tages ihre Arbeitskraft in unsere Wirtschaft einbringen. Diese Kinder heranzuziehen ist eine Leistung, die niemand vergütet bekommt. Niemand außer den Lehrern, Sozialpädagogen und Beamten dieses Landes. Sie werden nicht einmal gut bezahlt, aber die Eltern gehen leer aus.

Sehen wir uns nun einmal das Elterngeld an. Das Elterngeld ist einmal beschlossen worden, um Anreize zu schaffen, Kinder zu bekommen. Seit März 2010 gilt das allerdings nicht mehr für Hartz-IV-Empfänger. Ihnen stehen diese Gelder nicht zu beziehungsweise, wenn sie bis zu der Geburt ihres Kindes noch in Arbeit standen, wird ihnen das Elterngeld als Einkommen angerechnet und vom Regelsatz abgezogen.

Hinzu kommt eine weitere Verschärfung, die der Bundestag im Juni 2012 durch eine Gesetzesänderung beschlossen hat. Diese Tatsache ist bis jetzt noch nahezu unbemerkt. Nur sehr wenige Zeitungen haben darüber berichtet. Ab 2013 tritt die Neuregelung in Kraft. Wer 2013 ein Kind bekommt, ist also davon betroffen. Bislang war das Nettoeinkommen der letzten zwölf Monate ausschlaggebend für die Berechnung des Satzes, der Eltern zusteht. Davon wurde ein Durchschnittsverdienst errechnet, wovon das Elterngeld mindestens 65 % betrug. Dieses Verfahren wurde geändert. Für ab 2013 geborene Kinder gilt: Der Staat zieht vom Bruttoeinkommen Pauschalen für die Sozialversicherungsbeiträge ab. Diese Pauschalen liegen in der Regel um 0,5 % über den tatsächlichen Sätzen. Folglich sinkt das berechnete Nettoeinkommen.

Es kann auch nicht sein, dass so viele Mütter dazu gezwungen sind, zu Hause zu bleiben, um ihre Kinder zu erziehen, und dafür gar nichts erhalten. Laut einer Erhebung des Statistischen Bundesamtes bezogen 2010 43 % aller Einelternfamilien Hartz-IV-Leistungen, das sind 641 000 Alleinerziehende mit insgesamt etwa einer Million Kindern. Die Mehrzahl dieser Alleinerziehenden ist entweder erwerbstätig (15 %, sogenannte AufstockerInnen), in einer arbeitsmarktpolitischen Maßnahme (12 %), in Ausbildung (1 %) oder steht dem Arbeitsmarkt – wegen Betreuung von Kindern unter drei Jahren oder Pflege Angehöriger – nicht zur Verfügung. Tatsächlich arbeitslos gemeldet sind 42 % der Alleinerziehenden.

Diese Zahlen sind jedoch noch die geschönte Version der Statistik. Die Bewertung, wer erwerbstätig ist und wer nicht, wurde nach den Regeln der International Labour Organization (ILO) vorgenommen. Erwerbstätig im Sinne der ILO-Definition ist jede Person, die in einem einwöchigen Berichtszeitraum mindestens eine Stunde lang gegen Entgelt oder im Rahmen einer selbständigen Tätigkeit gearbeitet hat. Mit anderen Worten: Auch ich gehörte nach dieser Definition zu den Erwerbstätigen, da ich ja immer selbständig als Autorin arbeitete – ohne dafür jemals auch nur einen Cent zu sehen. Selbständig gemeldet war aber auch ich.

Die Tendenz bei all diesen Zahlen ist übrigens steigend. Alleinerziehende gehören in Deutschland zu den am stärksten durch Armut bedrohten Menschen.

Das liegt daran, dass diese Menschen schlicht und ergreifend unter den vorherrschenden Bedingungen nicht arbeiten *können*. Die meisten von ihnen würden gerne. Diesen Menschen versagt der Staat die Möglichkeit eines Lebens jenseits des Existenzminimums. Denn er bietet ihnen durch den Mangel an Betreuungsplätzen keine Möglichkeit, einer Erwerbstätigkeit nachzugehen, und entlässt sie damit in den Bezug von Hartz IV, dessen Regelsätze vom Oberlandesgericht für gesetzwidrig erklärt wurden. All diese Mütter sind dazu gezwungen, arbeitslos oder in geringfügig entlohnten Minijobs zu bleiben. Und sie sind dazu gezwungen, arm zu sein.

Der Arbeitsmarkt gibt vor allem für Alleinerziehende und gering Qualifizierte nicht viel her. Jeder fünfte Deutsche arbeitet zurzeit im sogenannten Niedriglohnsektor; 70 % dieser Menschen sind Frauen. Diese Menschen gehen jeden Tag arbeiten und müssen dennoch aufstockende Leistungen aus Hartz IV erhalten, um ihren Lebensunterhalt zu sichern. Hinzu kommt, dass das Betreuungsangebot in Deutschland minderwertig ist, und weil von den Arbeitnehmern häufig Mobilität und Flexibilität verlangt werden, haben Alleinerziehende hier schlechte Karten. Bewiesen ist außerdem, dass Mütter im Bewerbungsverfahren benachteiligt werden.

Überhaupt meine ich, dass wir seit 2011 die wohl schlechteste Vertreterin an der Spitze haben für diese Frauen. Unsere derzeitige Familienministerin Kristina Schröder ist zwar Mutter geworden in ihrem Amt, aber von der Realität deutscher Mutterschaft im 21. Jahrhundert scheint sie nur äußerst wenig mitbekommen zu haben.

Wir können von Glück reden, dass sie das Elterngeld verteidigt hat, als dessen Abschaffung tatsächlich im Gespräch war. Die Frage ist bloß, ob Mütter wie sie oder ihre Vorgängerin von der Leyen wirklich imstande sind, die reale Mutterschaft in dieser Gesellschaft zu vertreten, da sie nur einen Teil der Eltern darstellen. Und zwar den Teil derer mit Geld.

Inzwischen sind in Deutschland 20 % aller Eltern alleinerziehend. Weitere 72 % sind verheiratete Elternpaare (wobei nicht entscheidend ist, ob das Ehepaar auch das Elternpaar ist) und 9 % andere Lebensgemeinschaften. Somit sind mindestens 20 % der Eltern in Deutschland von Armut bedroht. In Ostdeutschland sind es sogar 30 %. Damit machen sie in Ostdeutschland fast ein Drittel aller Eltern aus. Sie haben nicht die Chancen, zusätzliche Betreuung für ihre Kinder zu zahlen oder die eigene Karriere voranzutreiben. Seit 1996 ist die Zahl der Alleinerziehenden übrigens um 20 % gestiegen, Tendenz weiterhin und sogar beschleunigt steigend.

Außerdem beschert Ministerin Schröder uns nun das Betreuungsgeld. Das Betreuungsgeld soll die Betreuung zu Hause staatlich fördern. Während wir uns eine Abkehr vom Ehegattensplitting wünschen, ist dies nur ein weiterer Schritt in diese rückständige Richtung.

Die Wahrheit dahinter ist: Die Regierung fürchtet die vielen Klagen, die 2013 ins Haus stehen. Das, was Frau Schröder immer so gerne als ihre Idee verkaufen möchte, nämlich den Ausbau der Betreuungsangebote, ist in Wahrheit eine Auflage. Die Staaten der Europäischen Gemeinschaft haben sich nämlich dazu verpflichtet, bis 2013 einen Großteil des Kinderbetreuungsbedarfs in ihren Ländern zu decken.

Davon ist Deutschland weit entfernt. Bei den unter Dreijährigen ist derzeit nur Platz für 16 % der Kinder. Dabei ist diese Zahl noch viel zu hoch gegriffen. Sie stammt aus einem Bericht des Statistischen Bundesamtes von 2008 – das zur Erhebung angab, dass alle unter dreijährigen Kinder berücksichtigt wurden, die mindestens eine Stunde pro Woche durch Fremdpersonen betreut wurden.

Unter einem geregelten Betreuungsplatz stelle zumindest ich mir mehr vor, als dass jemand mein Kind eine Stunde pro Woche übernimmt! Denn eine einstündige Betreuung trägt nicht gerade zu einem beruflichen Werdegang der Mutter bei. Was wiederum im Umkehrschluss bedeutet: Weniger als 16 % der Mütter mit Kindern unter drei Jahren haben eine reelle Chance, ihrem Beruf nachzugehen. Es sei denn, Oma passt auf …

Bis August 2013 müssen diese Kinder in Kitas und Krippen untergebracht werden. Dazu haben sich alle Mitgliedsstaaten der OECD verpflichtet. Und weil die Regierung nun nicht weiß, woher sie die ganzen Betreuungsplätze nehmen soll, sucht sie nach Ausflüchten. Da kommt es gerade recht, wenn sich die Mutter selbst der Aufzucht ihrer Kinderschar widmet.

Nur leider führt das zu totaler Isolation. Die der Mutter und ihrer Kinder, die sich dann nicht in einem Kindergarten mit Kindern aus anderen sozialen Gruppen auseinandersetzen müssen. Das Betreuungsgeld bedeutet somit einen Rückschritt in Sachen Integration – und damit meine ich nicht das Assimilieren ausländischer Kulturen, sondern das Integrieren von Armen, Reichen, diversen Ethnien, Alleinerziehenden etc. in die Gemeinschaft. Wir wissen inzwischen, dass das Erlernen sozialer Fähigkeiten wichtig für die kognitive Entwicklung eines Kindes ist und dass unser Gehirn vom Umgang mit anderen Werten und Kulturen profitiert.

Ich finde es empörend, dass eine Regierung so über die offensichtlichen Fakten hinweggeht. Der Beschluss des Betreuungsgeldes ist ein Schlag in unsere aller Gesichter. Man muss es auf allen Ebenen verurteilen.

Auf der Metaebene, weil sein Beschluss ein primitiver Koalitionskompromiss ist und weil es dazu dienen soll, die Klagen 2013 abzuwenden.

Das Betreuungsgeld, in der Presse auch gerne abfällig als »Herdprämie« bezeichnet, ist eine Erfindung der CSU. Die CSU macht im Bundestag einen Anteil von 6,5 % aus, und der Rest der Parteien musste diesen 6,5 % ein Zugeständnis machen, um die Praxisgebühr wieder rückgängig machen zu »dürfen«. Ein Kinderstreit um Befindlichkeiten einer kleinen Gruppe von Politikern eines Freistaats. Ein solcher Umgang mit dem deutschen Volk kann in meinen Augen nicht gebilligt werden. In Anbetracht der Tatsache, dass es ebenfalls nur eine faule Ausrede ist, um über die unzureichende Schaffung von Kitaplätzen hinwegzugehen, erfüllt es somit nicht seinen Anspruch, dem Volk zu dienen. Ganz im Gegenteil.

Ich muss sagen, dass ich mich als Frau und Mutter nicht vertreten fühle von einer Ministerin, die ein Buch mit dem Titel *Danke, emanzipiert sind wir selbst!* veröffentlicht hat. Vielleicht ist Frau Schröder einfach zu unerfahren als Mensch und als Mutter. Vor allem als Ministerin. Vielleicht weiß sie es tatsächlich nicht besser, aber es ist ein gefährliches Menschenbild, das sie damit transportiert. Aus dieser angeblichen Emanzipation spricht nämlich das Gegenteil.

Auch ich habe mich lange Jahre zu den Frauen gezählt, die das Wort »Feministin« als Schimpfwort empfinden. Ich wurde einmal in einer Diskussionsrunde, in der es um Integration ging, von einer Freundin angestupst. Beschämt flüsterte sie mir die Frage zu: »Darf man eigentlich Türke sagen?«

Natürlich darf man Türke sagen. Das Wort »Türke« beschreibt eine Abstammung. Es ist kein Schimpfwort wie das »N-Wort« für einen Schwarzen. Man darf es nicht nur sagen. Man muss es sogar sagen, wenn man die Herkunft eines Türken klären möchte. Aber dadurch, dass wir uns jahrelang in diesem Land durch allerlei Vorurteile diesem Volk gegenüber wühlen mussten, sind wir inzwischen schon so verunsichert, dass einige von uns sich schon kaum mehr trauen, das Wort »Türke« in den Mund zu nehmen.

Ähnlich ist es mit dem Wort »Feminismus«. Und ich kenne das aus meiner eigenen Erfahrung wirklich sehr gut. Jahrelang hatte ich das Gefühl, ich müsste mich als Frau beweisen. Ich hatte schon immer aus irgendeinem Grund das Gefühl – vielleicht liegt es ja an meinen zwei großen Brüdern –, dass ich mich durchsetzen müsste gegen die Männer, die aus irgendeinem Grund alles zu beherrschen scheinen. Ich habe mich schon als Kind gegen viele männliche Lehrer aufgelehnt. Das führte zu einer Art Stolz, die es mir nicht erlaubte anzuerkennen, dass es zwischen Männern und Frauen eine Schieflage gibt.

Ich persönlich habe mich immer gegen alles gewehrt und durchgesetzt, und das führte mich zu dem falschen Stolz zu glauben, eine Frau, die unterdrückt wird, ist selbst schuld. Dabei habe ich die Realität übersehen. Realität ist in diesem Land immer noch, dass Frauen in vergleichbaren Positionen schlechter bezahlt werden als Männer und dass die meisten Führungspositionen noch immer in den Händen von Männern sind. Und diese Tatsache wird in diesem Land zum Glück inzwischen auch von Männern anerkannt und wahrgenommen.

Und auch das Folgende ist leider Tatsache: Christine Lüders, die Leiterin der Antidiskriminierungsstelle des Bundes, hat im Dezember 2010 ein Pilotprojekt initiiert, bei dem Unternehmen anonymisierte Bewerbungen von ihren Bewerbern annahmen. Zu den Unternehmen gehörten vier weltweit agierende Konzerne (Deutsche Post DHL, Deutsche Telekom, L'Oréal Deutschland, Procter & Gamble), vier öffentliche Verwaltungen (Bundesfamilienministerium, Bundesagentur für Arbeit, Regionaldirektion Nordrhein-Westfalen und Stadtverwaltung Celle) sowie ein mittelständisches Unternehmen (Mydays). Die Bewerbungsunterlagen verrieten weder den Namen noch das Alter, das Geschlecht oder die Herkunft der Bewerber.

Es stellte sich heraus, dass durch dieses Verfahren tatsächlich

Chancengleichheit hergestellt werden könnte, von der vor allem Frauen profitierten. Es wurden zum Beispiel viel mehr Frauen mit Kindern eingestellt, als es zuvor der Fall war. Nach Abschluss des Projekts zeigten sich allerdings nur vier der neun Unternehmen bereit, weiterhin mit anonymisiertem Bewerbungsverfahren zu arbeiten. Von den großen Konzernen war keiner darunter.

Solange diese Dinge Wahrheit sind, kann man schlicht und ergreifend nicht von Gleichberechtigung sprechen. Sicherlich könnten einige Feministinnen etwas weniger scharf gegen die Männer schießen, weil ein patriarchalisches Feindbild ja nicht bedeutet, dass alle Männer unsere Feinde sind. Aber Feminismus ist tatsächlich absolut notwendig.

Die Frau ist in unserer Gesellschaft schon sehr viel emanzipierter als noch vor fünfzig Jahren, aber bitte, Frau Schröder, tatsächlich emanzipiert sind wir noch lange nicht. Ich zum Beispiel bin als alleinerziehende Mutter alles andere als gleichberechtigt, wenn es um die Besetzung einer Stelle geht. Selbstverständlich zieht jeder Arbeitgeber einen Angestellten vor, der kein Risiko darstellt. Als alleinerziehende Mutter könnte ich jederzeit mein Kind pflegen müssen, und meine Arbeitskraft würde dem Betrieb somit fehlen.

Die Leserin, die sich auf meiner Blogseite beschwerte, dass die Erziehung der Kinder durch die Eltern der Gesellschaft nichts wert sei, hat ein wichtiges Thema angerissen. Alte oder behinderte Menschen haben das Recht auf Pflegepersonal. Als alleinerziehende Mutter kann ich nur im Krankheitsfall auf kompliziertem Weg eine Haushaltshilfe beantragen oder beim Jugendamt eine Familienhilfe, die dann aber bei »normalen« Müttern wie mir höchstens einmal in der Woche für zwei Stündchen vorbeikommt. Und dann gibt es auch noch die zahlreichen Horrorgeschichten über Familien, die sich besser nicht beim Jugendamt gemeldet hätten.

Ich kenne den Einwand: »Wer soll das bezahlen?« Und die ewig gleiche Leier: »Es scheitert an der Finanzierung.«

Inzwischen bin ich davon mehr als müde. Wenn ich meinen eigenen Haushalt zum Maßstab nehme, so könnte ich diese Sätze täglich um die sieben Mal gebrauchen.

»Mama, kann ich ein Eis haben?« – »Es scheitert an der Finanzierung, Schatz.«

»Ich brauche einen neuen Füller!« – »Wer soll das bezahlen?«

»Kann ich bitte mit meiner Freundin zum Fußballspiel gehen?« – »Es scheitert an der Finanzierung.«

»Ich habe keine passenden Schuhe mehr.« – »Tja, die Finanzierung!«

Was für eine traurige Vorstellung. Im Grunde kann ich jedes Bedürfnis und jeden Traum oder Wunsch damit abschmettern. Dafür ist kein Geld da. Leider. Mir fehlt dafür Verständnis. Ich weiß gar nicht, wo da den Menschen der Kopf gespalten ist, aus welcher undichten Stelle alles herausläuft, so dass es jeden Traum mit hinausschwemmt.

Ganz ehrlich: Ich weiß gar nicht, wie ich all dieses Eis, die Ausflüge, die Schuhe und Schulsachen finanziere. Ich habe dieses Geld nämlich auch gar nicht real. Dennoch ist alles da, und wir müssen uns nicht beklagen. Wir gehen abends satt und meistens auch mehr oder weniger zufrieden ins Bett. Wir essen Eis, wenn uns die Sonne nach draußen kitzelt, und wir tragen dabei Schuhe. Und da geht es dem Staatshaushalt doch gar nicht anders.

2011 hat der Bund die Entwicklung eines Lippenstifts mit 260 000 Euro gefördert, die Mitgliedschaft im Baumwollberatungsausschuss für 17 000 Euro getragen, 3,2 Millionen Euro für die Entwicklung von Verkehrskonzepten in Japan (!) ausgegeben, 60 000 Euro für Sprachkurse von deutschen Soldaten, die in Deutschland stationiert sind, und die Entwicklung eines Computerspiels für Lehrlinge im Baugewerbe ließ sich die Regierung auch nicht nehmen und investierte 1,4 Millionen Euro in ein Spiel, das es so bereits zigfach auf dem internationalen Markt gibt. Die Beispiele unsinniger Staatsausgaben sind nahezu unendlich, und man kann sie jedes Jahr im Schwarzbuch, herausgegeben vom Bund der deutschen Steuerzahler, nachlesen.

Meine Lieblingsunsinnsausgabe im Jahr 2012 war allerdings die folgende aus Nordfriesland: Dort hat die Stiftung Naturschutz einfach einen ganzen Wald gerodet, ca. 80 Hektar, um ihn in eine Dünenlandschaft umzuwandeln. Die Idee stammte von der Naturschützerin Anja Werner, die auf diese Weise den goldenen Scheckenfalter – einen Schmetterling – wieder ansiedeln möchte. Gut 3 Millionen Euro hat sich das Land diesen Unsinn kosten lassen. Im Namen des Naturschutzes. Man weiß nicht, ob man lachen oder weinen soll. Jedenfalls freut man sich nun aber auf die baldige Ankunft des Schmetterlings. Denn der ganze Unsinn muss sich am Ende ja gelohnt haben. Von rentieren sprechen wir in diesem Falle einfach nicht.

Für viele Dinge hat Deutschland genügend Geld. Im Jahr 2012 haben deutsche Privathaushalte ein Rekordvermögen von 4,8 Milliarden Euro erreicht – Immobilien und andere Sachwerte nicht mit eingeschlossen. Wenn die Reichen einer Gesellschaft reicher sind als je zuvor und die Armut sich gleichzeitig immer weiter ausbreitet, dann kann man eindeutig von einer fehlgeleiteten Politik sprechen. Denn während Deutschland so reich ist wie nie zuvor, werden real immer mehr Menschen durch Armut bedroht.

Die Armutsberichte jedes Jahres sprechen Bände, und den

letzten kann man nicht einmal mehr zu Rate ziehen, weil aus den Medien bekannt ist, dass die Ergebnisse vom Ministerium geschönt wurden. Nicht, dass uns das wundern würde. Nicht, dass es neu für uns wäre, dass Ursula von der Leyen die Dinge lieber schön als ehrlich mag, bloß: Wo soll das alles hinführen?

Mit 23,7 Milliarden Euro jährlich ist Deutschland international auf Platz sechs, was die Ausgaben für Rüstung angeht. Auf Platz drei für Waffenexporte in alle Welt. Obwohl wir seit dem Zweiten Weltkrieg angeblich keine Kriege mehr geführt haben, lassen wir uns diese Form von unnötiger Sicherheit richtig was kosten. Von den unsinnigen Bankenrettungen, die jeder Logik – vor allem ihrer eigentlichen kapitalistischen Logik – entbehren, gar nicht erst zu sprechen.

Deutschland ist nicht arm. Wir sind eines der zwanzig reichsten Länder der Welt, und dennoch argumentieren wir immer wieder mit den Ausgaben, wenn es um sinnvolle Reformen geht.

Deutschland und ich, wir haben etwas gemeinsam. Nämlich Schulden. Wir können beide eigentlich überhaupt nichts bezahlen, aber wir tun es trotzdem. Wenn es um Fragen der Finanzierung geht, sollte man vielleicht lieber nach dem Nutzen dieser Finanzierungen fragen als nach ihrer Höhe.

Wenn ich eine zwanzig Jahre alte Waschmaschine besitze, die ihren Geist aufgibt, werde ich sie nicht behalten und fortan dreimal jährlich für teures Geld reparieren lassen. Sondern ich werde mir für noch teureres Geld einmalig eine neue Maschine kaufen. Damit spare ich am Ende. Sogar Energiekosten kann ich damit noch senken. Und wenn es schon um Energie geht, liefert sich das gute Argument doch gleich selbst: Unsere Regierung entlastet beispielsweise Unternehmen mit einem hohen Energieaufkommen mit jährlich mehr als 10 Milliarden Euro.

Im Juni 2012 hat der Bundestag mit den Stimmen von CDU/CSU und FDP ein Gesetz beschlossen, wonach Unternehmen mit hohem Energieverbrauch wesentlich weniger für die Nutzung des Stromnetzes zahlen müssen als private Haushalte oder kleine Betriebe. Energieintensive Unternehmen, die mindestens 7000 Stunden im Jahr Strom beziehen und mehr als 10 Gigawatt verbrauchen, zahlen für die Nutzung des Stromnetzes sogar gar nichts mehr. Von der Befreiung begünstigt sind große Aluminium- und Stahlhütten, Papier-, Glas- oder Zementhersteller und auch große Rechenzentren.

Ich möchte keine Diskussion über das Für und Wider dieser Unternehmen führen. Hoher Energieaufwand hin oder her, aber am Ende ist es doch so, dass die Energiekonzerne Preisabsprachen treffen und einen fairen Wettbewerb verhindern. Solange jedem klar ist, dass Energiekonzerne durch illegale Absprachen den Preis in die Höhe treiben, finde ich es höchst fragwürdig, wenn eine Regierung diese horrenden Preise auch noch für andere übernimmt, anstatt die Preispolitik der Energiekonzerne durch Gesetze zu regulieren.

Im November 2012 sorgte die Meldung, Peer Steinbrück und andere hätten für Reden bei den Stadtwerken Bochum 25000 Euro und mehr erhalten, für Wirbel. Während Bochum offiziell vor die Hunde geht, nach den Schließungen bei Opel und Nokia, feiert ihr städtischer Energiekonzern dekadente Feste. Zufällig komme ich aus Bochum. Zufällig weiß ich, dass diese Veranstaltung für die Außenwirkung der Stadtwerke gut sein sollte. Zufällig weiß ich, dass in Bochum zur Zeit dieser Veranstaltung aber kein Bochumer etwas davon wusste. Anstatt also die Steuerzahler zu ermahnen, Energie zu sparen, und sie gleichzeitig für die Energieaufkommen anderer zur Kasse zu bitten, sollte man vielleicht erst einmal für einen echten Markt in dieser Hinsicht sorgen. Vermutlich würden so über Jahre hinweg mehrere Milliarden eingespart. Und das ist ja auch nur ein Beispiel. In unserem Wirtschaftssystem ist Geld genauso gleichzeitig nie da, wie es immer da ist. Und wenn es um wirtschaftsrelevante Finanzierungen geht, für die es eine breite Lobby gibt, kann dieses Geld auch immer irgendwo aufgetrieben werden.

Insofern würde ich mich freuen, die Frage nach der Finanzierbarkeit erst einmal ausklammern zu können. Die wird immer nur dann gestellt, wenn es in Wahrheit darum geht, große strukturelle Veränderungen vorzunehmen, die der Gleichstellung dienlich sein könnten. Wenn es um wirtschaftliche Themen geht, gehen wir offenbar jedes Risiko ein und lassen es auf die Versuche ankommen. Wagen wir doch ruhig auch mal einen Ausfallschritt in Richtung Sozialleben. Es ist nicht so, dass unser Staat keine Experimente wagen würde. Im Gegenteil. Es ist nur so, dass man es eben nur in einigen Bereichen wagt. Und davon dürfen wir doch einige – zum Beispiel die Entwicklung eines Lippenstifts oder eines Computerspiels zu Lernzwecken, das es bereits gibt, oder die Rodung eines ganzen Waldes – als durchaus fragwürdig ansehen. Also Schluss mit den Ausreden, bitte!

## 14.
# DER DEUTSCHE FINANZHAUSHALT –
# ERST AUFRÄUMEN,
# DANN KANNST DU SPIELEN!

Im letzten Kapitel habe ich einige der vielen Falschausgaben des Staatshaushalts erwähnt, in Wahrheit ist das Problem aber ein sehr viel größeres. Im Februar 2013 titelte *Der Spiegel* »Sorgenkind Familienpolitik« und veröffentlichte Teile einer von der Bundesregierung in Auftrag gegebenen Studie zur Untersuchung deutscher Familienpolitik. Die Ergebnisse dieser Studie sind vernichtend.

Experten urteilen, dass größtenteils unwirksame Investitionen getätigt werden. Sie kritisieren vor allem das Ehegattensplitting, das unverheiratete Eltern massiv benachteiligt. *Der Spiegel* veröffentlichte dazu die genauen Ausgaben für jeden Posten. Rund 200 Milliarden Euro hat der Staat 2012 insgesamt für die Familienförderung ausgegeben, etwa ein Drittel davon (74,8 Milliarden Euro) für ehebezogene Leistungen.

In Anbetracht der Tatsache, dass die Zahl der Eheschließungen weiterhin Jahr für Jahr sinkt und alternative Familienformen zunehmen, und wenn man bedenkt, dass in einer Ehe nicht unbedingt Kinder vorhanden sein müssen, kommt man auch ohne Expertise zu demselben Schluss wie die Studie: Die Verteilung dieser 200 Milliarden Euro ist äußerst wirkungsfern.

Als ich die Zahlen sah, habe ich mir kurzerhand überlegt, sie einfach umzuverteilen. Ich dachte an höhere Kinderfreibeträge und Familiensplittings für alle eheähnlichen Gemeinschaften. Ich begann in Gedanken damit, die vorhandenen Gelder umherzuschieben in der Hoffnung, ich möge damit eine Antwort auf das Totschlagargument aus dem vorangegangenen Kapitel finden. Sollte mich jemals jemand fragen: »Aber, aber, Frau von Wegen, wie wollen Sie das denn finanzieren?«, wollte ich einfach antworten können.

Aber nachdem ich mir noch etwas mehr Übersicht verschafft hatte unter Berücksichtigung des gesamten Haushalts, kam ich zu dem Schluss, dass diese Umverteilung sinnlos wäre. Das, was dringend von staatlicher Seite unternommen werden müsste, wäre eine Untersuchung des gesamten Staatshaushalts. Denn nicht nur im Bereich der Familie wäre einiges mehr rauszuholen. Sicher könnten wir auch weniger als 32 Milliarden Euro für die Verteidigung, den viertgrößten Posten unseres Haushalts, ausgeben. Und auch im Bereich der Sozialausgaben – die den größten Posten ausmachen – müssten ja zunächst einmal strukturelle Änderungen vorgenommen werden, da auch diese Ausgaben bisher größtenteils wirkungslos ausfallen. Hinzu kommen zahlreiche Ausgaben für Vereine, die Kirche etc., die zum Teil auf uralten Verträgen beruhen, die unter Umständen gar nicht mehr existieren.

Allein die Kirche wird von unserem Staat mit 15 Milliarden Euro jährlich subventioniert. Dabei ist die Kirchensteuer, durch welche die katholische und die evangelische Kirche gemeinsam weitere 10 Milliarden Euro einnehmen, nicht inbegriffen. Die 15 Milliarden werden zusätzlich an die Kirchen abgegeben. Somit kommt jeder Steuerzahler – egal, ob er gläubig, konfessionslos, Moslem, Buddhist oder Hindu ist – für diese Subventionen auf, die ausschließlich an die evangelische sowie die katholische Kirche gehen. Angesichts des Ar tikels 140, Absatz 1 des Grundgesetzes, »Es gibt keine Staats-kirche«, sind diese Ausgaben absolut unverhältnismäßig.

Die meisten Menschen glauben, dass diese Gelder in öffent-liche Einrichtungen wie Krankenhäuser und Kindergärten fließen, aber das ist nicht einmal wahr. Für die christlich ge-führten Krankenhäuser übernehmen die Kirchen genau 0 % Prozent der Kosten, für Kindergärten etwa 20 %. Und wohl-gemerkt: Diese Ausgaben muss die Kirche nicht von den Steuereinnahmen zahlen, sondern dafür erhält sie unter ande-rem die dicken Subventionen. Und sie genießt zusätzlich be-denkliche Sonderrechte. So müssen sich kirchliche Einrich-tungen zum Beispiel nicht an das Antidiskriminierungsgesetz halten.

Es ergibt also wenig Sinn, an einem gebrochenen Bein herum-zudoktern und die Familienleistungen umzuverteilen, wäh-rend das System an einem Hirntumor leidet. Insofern fürchte ich mich aber auch nicht weiter vor der Frage von Finanzier-barkeiten, denn solange der Finanzhaushalt dieses Landes so wirkungslos und sinnbefreit ist, wie das bisher der Fall ist, kann das bestehende System nicht ernster genommen werden als meine Forderungen.

Meine erste Forderung muss demnach lauten: Der Haushalt muss analysiert und auf seine Wirksamkeit hin untersucht werden. Und zwar jeder einzelne Posten. Solange diese Ar-beit nicht getan ist, muss unsere Priorität eindeutig bei der Notwendigkeit der Maßnahme liegen und nicht bei der Frage, wie die sinnvolle Ausgabe in den sinnlosen Haushalt passen soll. Grundsätzlich bin ich ohnehin überzeugt, dass es die Ar-beits- und Wirtschaftspolitik ist, bei der wir ansetzen müssen, um strukturelle Besserungen zu erzielen, von denen alle wei-teren Bereiche profitieren würden.

Jeder fünfte Deutsche arbeitet im Niedriglohnsektor. Es ist

die unmenschliche deutsche Arbeitswelt, die die enormen Familienförderungen überhaupt erst nötig machen. Gerne lobt die Presse den Umstand, dass die Familienpolitik endlich wichtiger genommen wird als zu Zeiten von Gerhard Schröder, der sie lästig als »Gedöns« abtat. Dabei wird allerdings ausgeklammert, dass deutsche Familien durch die Arbeitsverhältnisse mehr und mehr in staatliche Abhängigkeit getrieben wurden und werden. Insofern ist es zwar als glücklicher Umstand zu bezeichnen, wenn Familienpolitik ernst genommen wird, es muss allerdings eingeräumt werden, dass sie auch faktisch weniger wichtig war zu Zeiten, als die meisten Familien noch für ihren Unterhalt selbst aufkommen konnten.

Wahre Ursache all dieser Abhängigkeiten ist die deutsche beziehungsweise europäische Wirtschaftspolitik. Man nehme nur die Bankenkrise. Die aktuelle deutsche Wirtschaftspolitik sieht vor, dass der Steuerzahler für die Schulden der Banken eintreten soll. Die schwindelerregenden Zahlungen, die wir Deutschen dafür bereitgestellt haben und noch bereitstellen werden, fließen in Banken, die durch verantwortungslose Spekulation selbst verschuldet Verluste erwirtschaftet haben. Dieses Geld geht nicht an das griechische oder spanische Volk, wie den Deutschen von der Politik suggeriert wird, sondern es kommt allein der Privatwirtschaft zugute. Ganz einfach gesagt: Ich, Angehöriger der deutschen Unterschicht, zahle für eine Reihe reicher Männer auf der ganzen Welt.

Das sind die fragwürdigen Ausgaben unseres Wirtschaftssystems. Posten wie Bildungsferne oder Kinderarmut fallen sicher nicht unter die Rubrik unsinniger Investitionen.

# 15.

## DIE BÖSE GROSSMUTTER

Was nun folgt, ist die Geschichte meines Lebens, die sich am schwierigsten erzählt. Die Entscheidung, dieses Buch zu schreiben, ist mir nie leichtgefallen. Ich bin Autorin. Ich erzähle Geschichten, seitdem ich ein kleines Mädchen war. Ich habe in Bochum die erste Lesebühne gegründet, und ich habe bereits im Alter von fünf Jahren gesagt, dass ich Schriftstellerin werden würde. Ich habe mir das schon immer gewünscht. Es ist mein Lebenstraum. Als Autorin schöpfe ich selbstverständlich auch aus meiner Lebensgeschichte, aber ich tue das in der Regel nicht eins zu eins. Und eigentlich sträubt sich in mir auch alles dagegen, die Geschichte meines Lebens zu erzählen. Ich wünschte, es wäre nie passiert. Aber es gibt genau drei Gründe, es doch zu tun.

Erstens ist es falsch, diese Geschichte zu verdrängen. Sie aufzuarbeiten ist wichtig. Ich müsste dies natürlich nicht öffentlich tun, was uns zu meinem zweiten Beweggrund führt: Oscar Wilde hat gesagt, dass die beste Rache der Erfolg sei. Insofern sehe ich dieses Buch als eine Art Vergeltung. Dieses Buch ist der Schlag ins Gesicht meiner Mutter, den sie sich redlich verdient hat. Und drittens: Auch wenn meine Geschichte ein Extrembeispiel darstellt, so birgt nahezu jede Trennung ähnliche Risiken, wenn Kinder im Spiel sind. Ich weiß, dass die meisten Alleinerziehenden den Alltag genauso erleben wie ich. Insofern halte ich meine Geschichte für exemplarisch.

Also. Meine Mutter.

Was könnte ich sagen über diese Frau, das objektiv wäre und nicht verraten könnte, wie ich fühle über sie. Ich träume oft von dieser Frau. Wenn ich von ihr träume, sind es meistens Bilder wie diese: Überall sind enge Gänge, und meine Mutter steht mir dick im Weg. Sie wird immer dicker und größer und breitet sich in alle Räume aus. Sie versperrt mir den Weg. Ich komme nicht an ihr vorbei.

Vor Lauras Geburtstag träume ich immer, dass sie plötzlich uneingeladen vor der Tür steht und sich an mir vorbeidrängelt, um mit Laura zu feiern. Dann muss ich sie immer zurechtweisen und sie daran erinnern, dass sie hier nichts zu sagen hat.

Oder ich träume, dass ich einen Joint geraucht hätte und dann kommt sie und schimpft mit mir. Ich versuche, ihr mitzuteilen, dass ich mich vor ihr nicht rechtfertigen müsse, und die Übermutter schüttelt dazu den Kopf, und ihr Blick ist in jedem Traum die reine Verurteilung.

Meine Mutter ist meine schlimmste Feindin, mein tödlichster Gegner, mein strengster Richter.

Wenn ich nur wüsste, wo das alles anfing.


Beginnen wir einfach da, wo meine Kindheitserinnerungen einsetzen. Da bin ich gerade acht Jahre alt, es ist Sommer, und ich spiele vor dem Haus auf der Straße, als meine Mutter rauskommt und sagt: »Pack deine Sachen. Wir fahren.«

Ich packte meine Sachen, und wir fuhren. Meine Mutter packte richtig viel ein. Sie packte sogar den Skikoffer voll und lud ihn auf das Autodach. Sie stopfte den ganzen Kombi voller Wäschekörbe, Koffer, Wäsche und Zeug. Sie packte das ganze Auto voll und nahm außerdem noch meine Schwester und mich mit. Meine Brüder, mein Vater und die Großeltern blieben, wo sie waren. Wo wir zuvor auch gewesen waren.

Ich verstand gar nicht, was das alles zu bedeuten hatte. Ich verstand nicht, dass wir auszogen. Ich dachte, wir würden eine Reise machen. Das alles kam so plötzlich, und heute denke ich, dass ich an diesem Tag in einen Schockzustand fiel, der mehrere Jahre anhielt.

Während der Autofahrt erklärte meine Mutter irgendwann, dass wir nun in eine Wohnung fahren würden zu einem Mann, der Spiegel sammle. Wir sollten also vorsichtig sein. Ich war wahnsinnig aufgeregt. Ich dachte, wir führen in eine Art Wunderland. Alles voller Spiegel! Doch als wir in der Realität ankamen, verwandelte sich die Sammlung in rote Akten in schwarzen Regalen. DER SPIEGEL stand auf den roten Ordnern. Der Mann, bei dem wir einzogen, sammelte die Zeitschrift *Der Spiegel*.

Ich war enttäuscht. Und ich verstand die Welt nicht mehr. Wer war dieser Mann? Bis zu diesem Tag hatte ich mit meinen Eltern, meinen Großeltern und meinen drei Geschwistern in einer kleinen Siedlung im Kreis Mettmann gelebt. Plötzlich gab es das alles nicht mehr, und von einen auf den anderen Tag sollte ich mich dran gewöhnen, dass meine Mutter nun offenbar schon einen neuen Mann hatte, der Alkoholiker war, andauernd schlief und nicht geweckt werden durfte.

Fortan verbrachte ich meine einsamen Nachmittage damit, meinen Kopf auf die Schreibtischplatte vor meinen Kassetenrekorder zu legen, um in dem, was meine Mutter zur Zimmerlautstärke erklärt hatte, Musik zu erahnen. Vor der Stadt – ein runtergekommener Vorort von Bochum – hatte ich Angst. Meine Mutter arbeitete nun für diesen Mann in seiner Sprachschule, und ich wurde zum Schlüsselkind. Mein Mittagessen fand ich in der Mikrowelle. Obwohl ich mich natürlich auch um meine Schwester zu kümmern hatte, fühlte ich mich sehr einsam. Meine Mutter hatte so gut wie gar keine Zeit für mich.

Irgendwie haben wir uns noch nie gut verstanden. Ich kann das alles leider nicht ergründen, weil meine Erinnerungen tatsächlich erst an dem Tag einsetzen, an dem wir auszogen. Alles, was davor passiert ist, habe ich verdrängt. Ich erinnere mich an nichts. Aber seitdem unsere Familie in die Brüche ging, hasste ich sie. Unsere Streite wurden mit den Jahren immer schlimmer. Ich warf ihr Vernachlässigung vor.

Aus heutiger Sicht kann ich einiges nachvollziehen. Ich kann verstehen, dass sie sich ebenso durch Armut bedroht fühlte, wie ich es heute als Alleinerziehende tue. Ich kann begreifen, dass sie arbeiten wollte und dass Zeit und Geld für sie immer knappe Faktoren waren.

Andererseits sehe ich aber im Umgang mit meinem eigenen Kind, dass ein gewisses Maß an Interesse für mein Kind ganz von selbst da ist. Der Wunsch, Zeit miteinander zu verbringen, ist gegenseitig. Meine Tochter fühlt sich von mir geliebt und spricht das so auch aus.

Ich habe mich tatsächlich nie geliebt gefühlt. Ob dieses Gefühl hundertprozentig der Erfahrung meiner Mutter entspricht, weiß ich nicht. Vermutlich sieht sie es anders. Sie wird sagen, dass sie mich auf ihre Weise liebt und dass sie es mir niemals hat recht machen können. Sie hat mir das sogar mal gesagt. Dass ich sie nie an mich herangelassen hätte, aber für genau solche Fragen habe ich inzwischen einen Richtwert. Ich habe selbst eine Tochter, und ich würde nicht zulassen, dass sie sich von mir nicht geliebt fühlt.

Gefühle sind die erlebte Realität eines Menschen. Es ist also unerheblich, ob ein Gefühl in der Meinung eines anderen berechtigt ist oder nicht. Solange es da ist und einen verletzt, ist es ein realer Schmerz. Würde meine Tochter äußern, dass sie sich von mir nicht geliebt fühlt, würde ich alles dagegensetzen. Das meiste ergibt sich einfach aus der Zeit, die wir miteinander verbringen. Während in unserer Kleinfamilie vier Tage (von Donnerstag bis Sonntag) davon geprägt sind, dass an diesen Tagen Familienaktivitäten stattfinden, hat es zwischen meiner Mutter und mir diese sogenannten »Qualitätszeiten« nur in Ausnahmefällen gegeben. In meiner Familie hatte ich immer das Gefühl, nebenher mitzulaufen. Es gab für unsere gemeinsame Zeit nie Konzepte, die meiste Zeit war ich ohnehin dazu verpflichtet, auf meine Schwester aufzupassen, während meine Mutter arbeitete oder ausging.

Als ich siebzehn war, war es so schlimm, dass wir uns darauf einigten, dass ich zu einer Sozialpädagogin ziehen würde. Meine Mutter brachte mich dorthin, und das war es. Zwar weinte sie an diesem Abend und wollte mich überreden, zu bleiben, aber das war auch das Letzte, was sie tat. Sie hat sich danach einfach nicht mehr gekümmert und mich genau einmal in meiner eigenen Wohnung besucht, die ich ein halbes Jahr später bezog. Sie half mir nie aus mit Geld, und sie war insgesamt vermutlich froh, mich los zu sein.

Diese Behauptung liegt sicherlich in der Verletzung begründet, die mir widerfahren ist. Es ist schwer vorstellbar, dass es eine Mutter glücklich machen kann, wenn sie das Vertrauen ihres Kindes verliert, aber da ich in meiner Kindheit ohnehin immer das Gefühl hatte, sie wolle mich loswerden, ist dieser Eindruck bis heute nie gewichen.

Meine Schwester verlor sie an meinen Vater, als Dörte 15 war. Da war es wieder ein Mann und eine von Mutters spontanen Ideen. Diesmal zog sie nach Italien mit dem neuen Mann, und Dörte sollte ihrer Meinung nach einfach mitkommen. Aber Dörte hatte natürlich ganz andere Pläne. Und so hatte meine

Mutter keines ihrer Kinder wirklich lange bei sich gehabt. Das gibt mir heute zu denken.

Zurück zu meiner schönen, aber viel zu teuren Wohnung in Prenzlauer Berg, nachdem ich nach Berlin gezogen war. Der große Schritt in die Hauptstadt hatte nichts gebracht. Ich fühlte mich immer einsamer. Papa Stein war nun natürlich so gut wie aus unserem Leben verschwunden.

Immerhin hat er bis heute die Dosis seiner Betreuungszeiten stetig erhöht. Heute sind wir so weit, dass er Laura in allen Ferien einmal bei sich hat. Seitdem wir in Berlin leben, hat er seine Tochter jedoch nur dreimal besucht. Bisher hat er sich also eher herausgehalten aus unserem Leben. Er ist mehr und mehr da, aber es ist immer noch viel zu wenig.

Seinerzeit jedenfalls war ich so sehr auf mich allein gestellt, und ich kannte ja auch noch nicht viele Menschen in Berlin, dass ich unter dieser Verantwortung zusammenzubrechen drohte. Irgendwann bot meine Mutter mir Hilfe an, und wir ersannen einen Plan. Sie plante, aus Italien zurück nach Deutschland zu ziehen, und schlug vor, ich könne Laura für eine Weile bei ihr unterbringen, um meine Karriere aufzubauen. Ich wollte mit meiner Musik durch Deutschland touren und eine CD aufnehmen, und meine Mutter sagte, so lange könne ich Laura zu ihr bringen. Jetzt, wo sie noch nicht in der Schule sei, würde das ja noch problemlos funktionieren.

Laura hat ihre Großmutter immer sehr geliebt, und obwohl das Verhältnis zwischen mir und meiner Mutter immer schwierig war, habe ich nie etwas gegen die innige Bindung der beiden zu unternehmen versucht. Sie lieben einander von Herzen, und ich wüsste nicht, wieso ich einer starken sozialen Bindung meiner Tochter im Wege stehen sollte.

Laura schienen die vielen Ortswechsel nichts auszumachen.

Seit ihrer Geburt war sie nichts anderes gewohnt. Unser Leben war bis dato immer sehr improvisiert gewesen, und Laura wurde von allen Personen, die sie betreuten, auch geliebt. Heute denke ich allerdings manchmal, dass dieser unstete Lebenswandel damals mitverantwortlich ist für Lauras Konzentrationsschwächen. Vielleicht ist da auch etwas dran, aber es ist müßig, sich als Mutter immer wieder vorzuwerfen, für vermeintliche Fehlentwicklungen irgendeine Verantwortung zu tragen. Schuldgefühle sind in der Erziehung nicht dienlich.

Als es so weit war und ich jetzt also einmal etwas für mich tun wollte, verabredeten wir, dass Laura für ein halbes Jahr bei meiner Mutter in Düsseldorf leben sollte. Der Ort war ideal, weil ich von dort aus sternförmig durch das Land reisen konnte. Da Düsseldorf etwa in der Mitte Deutschlands liegt, konnte ich es auf jeder Station als Zwischenhalt nutzen. Anschließend würde ich Laura zurückholen und in Berlin einschulen.

Ich habe diese Zeit sehr genossen. Ich konnte endlich die Dinge tun, die ich tun wollte, und ich fühlte mich sehr frei. In dieser Zeit habe ich zahlreiche Musikwettbewerbe gewonnen und eine CD aufgenommen. Ich war überzeugt, dass ich nun bald von der Musik leben könnte, aber das ist leider gar nicht so einfach. Ich erhielt Angebote von den sogenannten Major-Labels, aber immer wollten diese großen Labels sich auch in die Musik einmischen, und wir konnten uns leider niemals einig werden.

Dennoch wollte ich Laura im März 2008 wieder wie vereinbart zu mir holen, und ab da wurde es kompliziert. Laura hatte Osterferien, und so verabredete ich mit meiner Mutter, dass ich Laura abholen und mit ihr nach Bremen fahren würde. Dort wollten wir Urlaub machen.

Am Morgen bevor ich losfuhr telefonierte ich mit meiner Mutter und sagte ihr, dass wir am Abend mal darüber sprechen müssten, wie wir Laura nun bald möglichst reibungslos wieder zurück zu mir holen könnten. Die Reaktion meiner Mutter war sehr merkwürdig, aber ich konnte mir darauf noch keinen Reim machen. Sie war seltsam abwehrend und distanziert. Traurigerweise sollte ich noch an diesem Tag herausfinden, was das Problem war. Doch eigentlich habe ich das bis heute nicht verstanden.

Ich fuhr nach unserem Telefonat zum Bahnhof, wo ich in einen Zug stieg. Als ich mit diesem Zug Stunden später irgendwo zwischen Duisburg und Düsseldorf war, klingelte mein Telefon. Es war meine Mutter. Ich hob ab, und sie sagte mir, ich solle mir ein Hotel suchen oder wieder zurückfahren, sobald ich in Düsseldorf sei. Ich verstand kein Wort.

»Wieso?«, fragte ich.

»Weil wir nicht zu Hause sind!«, antwortete meine Mutter.

»Ja, aber dann kann ich ja bei euch warten«, schlug ich vor, doch meine Mutter wehrte das ab.

»Wir werden aber gar nicht nach Hause kommen. Wir sind gerade beim Amtsgericht.«

Ich fiel aus allen Wolken. »Was? Warum? Was macht ihr da?«

»Genau genommen sind wir beim Familiengericht.«

»Aber wieso denn? Was ist denn passiert?«

»Ich habe heute einer Erzieherin aus dem Kindergarten gesagt, dass du planst, Laura zu entführen. Die hat mir geraten, zum Jugendamt zu gehen, und dort wiederum wurde mir dazu geraten, dir vom Familiengericht das Aufenthaltsbestimmungsrecht zu entziehen.«

Ich verlor den Boden unter den Füßen. Ich purzelte erbarmungslos aus den weichen Wolken, auf denen ich mich noch eben wähnte, und unter mir war kein Ende in Sicht. Ein bodenloser Sturz. Kein Halt.

Der Mann mir gegenüber sah mich mitleidig an, weil ich die Hand vor den Mund hielt, während ich ins Handy flüsterte: »Ich verstehe nicht, was in dir vorgeht. Das ist doch irgendein komisches Missverständnis. Lass uns doch einfach wie verabredet reden bei dir heute Abend.«
Sie werde nicht zu Hause sein, entgegnete meine Mutter, und die Verbindung brach ab. Die Verbindung zu allem. Alles brach ab, und ich wollte nicht weinen in einem Zug. Ich unterdrückte jede Regung.
Der Mann gegenüber lächelte mir betroffen zu: »Kein guter Tag?«, fragte er.
Ich schüttelte den Kopf.

Mein Kopf wurde ein Stein. Ein riesiger Findling. Zum Zerbersten gefüllt mit Masse. Tränen sammelten sich unter der Oberfläche und verdampften über die heiße Haut. Zurück blieb nur Salz. Das Salz machte den Kopf immer schwerer. Ich wollte nicht weinen. Nicht im Zug.
Als ich endlich am Zielbahnhof den Fuß auf das Gleis setzte, suchte sich das Wasser seinen Weg. Es lief aus meinen Augen wie ein Schwall. Nicht in Form von Tränen, eher wie Wasser, das über eine volle Wanne schwappt. Ich konnte nichts mehr sehen und lief wie von einem Bindfaden gezogen zur Bahnhofspolizei. Dort berichtete ich unter Schluchzen von meinem Problem. Die Polizisten fragten mich, wer sorgeberechtigt sei. »Nur ich!«, antwortete ich, und die Beamten boten mir an, das Kind bei der Großmutter abzuholen. Ich wusste ja

gar nicht, wohin sie wollten, und ich konnte mir auch einfach nicht vorstellen, Laura mit der Polizei ihrer Großmutter zu entreißen. Ich wollte sie doch nicht traumatisieren.

In Wahrheit war die Traumatisierung bereits in vollem Gange. Denn während ich auf der Wache weinte, sprach die Großmutter bei einem Richter vor. Sie berichtete von ihrer drogensüchtigen und geistig verwirrten Tochter, die ohne Strom und Wasser in Berlin lebe. Sie zeichnete das Bild einer Frau, der kein normal denkender Mensch jemals ein Kind anvertrauen würde. Sie berichtete, sie habe das Kind vor seiner Mutter gerettet und in ihrem Haushalt aufgenommen. Nun plane die Kindesmutter, das Kind zu entführen. Der Richter war entsetzt und beruhigte die Großmutter.

Wenn ich mir die Szene vorstelle, sehe ich immer den Beschluss in Nahaufnahme und wie der Richter groß seine Unterschrift daruntersetzt. Ein sogenannter Beschluss im Eilverfahren. Entzug des Aufenthaltsbestimmungsrechts.

Seit 2006 ist es Richtern möglich, derlei Eilbeschlüsse zu erlassen. Sie dienen im Großen und Ganzen dem Kindeswohl, bergen aber eben leider auch eine Gefahr. Theoretisch kann jeder Mensch jederzeit mit deinem Kind zu einem Familiengericht gehen und dort dafür sorgen, dass dir im Handumdrehen das Aufenthaltsbestimmungsrecht entzogen wird. Und dann bist du erst einmal in der Beweispflicht.

So geschah es.

Ich fuhr alleine nach Berlin zurück, ich weinte mir die Seele aus dem Leib. Ich besorgte mir einen Anwalt und wartete auf das Schreiben des Gerichts. Dort konnte ich die Vorwürfe dann schwarz auf weiß lesen, und es kamen täglich neue Briefe mit neuen Vorwürfen. Meine Mutter schickte dem Gericht

seitenlange Briefe voller »Beweise« meiner Erziehungsunfä-
higkeit. Sie stöberte alte Tagebucheinträge auf, notierte jede
meiner Statusänderungen auf Facebook, schickte Teile meiner
Prosa, und sie bewog Verwandte wie meine Cousine und
Papa Stein dazu, eidesstattliche Erklärungen zu verfassen, die
meine Unzulänglichkeiten bestätigten. Und sie versperrte mir
den Kontakt zu meiner Tochter. Sie ließ mich nicht mit ihr
reden, und sie sagte mir nicht, wo sie sich aufhielten.
Es war ein Alptraum. Ich konnte gar nicht glauben, dass das
wirklich geschah. Dass meine eigene Mutter mich bloßstellte
und zerstörte. Ich war nackt.

Meine Mutter hatte mir eine Art neuen Job verschafft mit diesem Gerichtsverfahren. Fast täglich musste ich gegen irgendetwas Widerspruch einlegen oder Protokolle darüber verfassen, wie ich versuchte, mein eigenes Kind telefonisch zu erreichen. Ich ließ mir von den Stadtwerken bestätigen, dass ich
über Strom und Heizung verfügte, ich schickte Einkommens-
nachweise und eidesstattliche Erklärungen meiner Freunde,
und ich ging zur Drogenberatung und führte dort ein Bera-
tungsgespräch.
Der Mitarbeiter der Beratungsstelle unterhielt sich eine Stunde mit mir und schrieb schließlich eine Erklärung, dass er bei
mir keine Anzeichen einer Drogensucht erkennen könne.
Zwar versicherte er mir, dass eine solche Bescheinigung vor
Gericht erst einmal ausreichen würde, aber ich bestand auf
einen Drogentest. Den ich selbst bezahlen musste und der natürlich negativ war.

Um es kurz zu machen: Meine Mutter hat es geschafft, dass
ich Laura ein Jahr lang nur wenige Male sehen konnte. Dafür
musste ich jedes Mal das Gericht und das Jugendamt in Bewe-

gung setzen. Und vom Jugendamt will ich gar nicht erst anfangen zu erzählen. In diesen Ämtern arbeiten eben auch nur Menschen. Und von einem dieser Menschen musste ich mir zum Beispiel anhören, dass er einer drogenkranken Wahnsinnigen wohl kaum ein Kind geben würde. Das sagte er beim ersten Telefonat, das wir führten, ohne mich je persönlich kennengelernt zu haben. Klammern wir das aus, aber seien wir uns dessen auch bewusst: Wer in die Karteien des Jugendamtes gerät, kann durchaus auf unfähige Sachbearbeiter treffen.

Als es nach einem halben Jahr des Streits zum ersten Verfahren kam, erhielt ich das Aufenthaltsbestimmungsrecht zurück. Ich war überglücklich. Meine Mutter bat mich, Lauras Auszug noch um eine Woche hinauszuzögern, damit sie ihr eine Abschiedsparty bereiten könne. Auf diese Bitte habe ich mich dummerweise eingelassen. Das war mein zweiter großer Fehler.

Denn meine Mutter nutzte diese Woche nicht nur zur Organisation einer Feier, sondern auch, um mir zum zweiten Mal den Krieg zu erklären. Diesmal ging sie bis in die letzte Instanz und unterstellte dem Gericht und den Gutachtern Verfahrensfehler.

Ich konnte es nicht glauben. Sie tat es ein zweites Mal. Sie weigerte sich, Laura herauszugeben, und warf nun wild mit weiteren Anschuldigungen um sich. Diesmal traf es nicht nur mich, sondern auch die Psychologen, die für das Gericht Gutachten erstellt hatten; dem Gericht warf sie Verfahrensfehler vor; die beiden Drogentests – in der Zwischenzeit hatte ich einen weiteren Drogentest auf richterliche Anordnung hin gemacht – zweifelte sie an. Sie gab nicht auf. Mir dämmerte, dass es inzwischen weniger darum ging, mir irgendetwas zu entziehen, als vielmehr darum, selbst etwas zu erhalten. Meine Mutter strebte das Sorgerecht für meine Tochter an.

Was ich jedoch am allerwenigsten verstand, war, mit welchem Einsatz sich Papa Stein auf ihre Seite schlug. Der Vater, der sich bislang recht wenig für sein Kind interessiert hatte, klagte nun nicht etwa das Sorgerecht für sich selbst ein, sondern für meine Mutter. Ich war fassungslos.

Der Mann meiner Mutter begann inzwischen damit, mich auf allen anderen Ebenen anzugreifen. Er zeigte mich an beim Finanzamt, beim Arbeitsamt, bei meinem Insolvenzverwalter. Überall gab er an, ich hätte Einkommen verschwiegen und Gelder erschlichen. Das alles war kompletter Unsinn. Es war bloß dazu gedacht, mich strategisch zu schwächen. Bis zum nächsten Gerichtstermin sollte ein weiteres halbes Jahr vergehen, in dem ich mit nichts anderem beschäftigt war, als Widersprüche einzulegen und um mein Kind und meine Existenz zu kämpfen.

Meine eigene Familie entriss mir jegliches Fundament unter den Füßen. Meine Mutter, ihr Mann, mein Ex-Freund, meine Schwester, meine Brüder, meine Cousine, alle bewarfen mich mit Dreck, und ich wundere mich manchmal, dass ich das alles überlebt habe. Ich habe von dieser Geschichte ganz sicher einen gewaltigen Knacks, aber kriminell, drogensüchtig, gewalttätig oder gefährlich bin ich sicher niemals gewesen. Selbst zu dem Zeitpunkt, als man mich in eine Klinik zwang, hätte ich noch *irgendwie* für mein Kind sorgen können. Es ist nie leicht gewesen. Das ist es nie. Niemand macht das gerne ganz allein. Aber es geht irgendwie. Und ich liebe mein Kind viel zu sehr, als dass ich es jemals im Stich lassen würde.

Ich verstehe nicht, wieso meine Mutter mich nicht einfach unterstützt hat, wenn es stimmt, was sie heute sagt.

Heute sagt sie, sie habe sich gesorgt. Es wäre mir ja immer so schlechtgegangen, und mein Leben sei schon immer ein solches Chaos gewesen. Aber wenn es so ist, frage ich mich, warum sie mich nie unterstützt hat. Sie war doch maßgeblich verantwortlich für meinen chaotischen Start in diese Welt. Wieso zog sie mich aus vor den Augen der Richter, des Jugendamtes, der Psychologen, Drogenberater und Ärzte? Welche Sorge treibt einen zu solchen Taten?

Ich weiß bis heute nicht, wie ich es als etwas anderes als Zerstörungswut betrachten soll. Ich sehe nicht die Sorge, von der sie spricht. In meiner Welt ist Sorge mit der Sorgfalt verwandt. Sorge ist ein liebevoller Akt. Sorge zerstört nicht, sondern sie erhält. Mein Zahnarzt sorgt sich mehr um meine Zähne, als meine Mutter sich um den Schutz meiner Seele bemüht hat. Ich weiß gar nicht, wie man so etwas verzeihen kann. Ich arbeite weiter daran. Aber nichts und niemand auf der Welt kann mir eine solche Angst einjagen wie meine Mutter.

# 16.

## MAMA IST SCHULD

Das gesamte Verfahren dauerte ein Jahr und endete vor dem Oberlandesgericht Düsseldorf. Meine Mutter wurde endlich zurechtgewiesen von den drei Richtern, und auch Papa Stein bekam sein Fett weg. Ihm sagte man, nachdem er für sich selbst nie das Sorgerecht angestrebt habe, sei sein Urteil in diesem Verfahren von keinerlei Interesse. Meine Mutter fragte man, wie sie nur zulassen könne, dass ihr Mann einen bürokratischen Feldzug gegen die eigene Tochter durchführe, und wie ausgerechnet sie auf den Gedanken kommen könne, eine bessere Mutter zu sein als ich. Der Senat erkannte, worum es sich hier handelte: um einen seltsamen Wettbewerb.

Ich weiß einfach nicht, wo dieser Frau der Schädel gespalten ist. Das psychologische Gutachten sagt über sie, dass sie über keinerlei Empathieempfinden verfüge, extrem uneinsichtig und grausam strategisch sei. Ich finde nicht, dass das reicht, um ein solches Verhalten zu erklären. Ich werde es niemals verstehen.

Je älter meine Tochter wird, umso häufiger erwische ich mich dabei, mein Verhalten ihr gegenüber mit dem meiner Mutter mir gegenüber zu vergleichen. Dabei fällt mir auf, dass sie mich einfach unmöglich jemals geliebt haben kann. Vielleicht hat sie mich schon immer beneidet, vielleicht ist sie eifersüchtig auf mich. Weil ich die erste Tochter nach zwei Söhnen war, die blonde und blauäugige Prinzessin meines Vaters. Aber welche Erklärung ich mir auch immer ausdenke, nie ist sie gut genug, mir dieses Verhalten plausibel zu machen. Niemals kann ich begreifen, wie sie so gemeine Dinge über mich erfinden und vor einem Gericht breittreten konnte. Wie sie es nur wagen konnte, meine Tochter zu belügen und ihr damit ein Trauma zu verpassen.

Ich habe meine Tochter nun seit fünf Jahren wieder bei mir. Allmählich verschwindet der Schmerz – Stück für Stück –, und Lauras Vertrauen wächst wieder. Aber es hat zwei Jahre gedauert, in denen sie sich immer wieder davor fürchtete, ich würde sie verlassen, sobald sie einschläft. Und dieses Misstrauen und die Schlaflosigkeit kehren in wochenlangen Phasen immer wieder.

Sie erfand jeden Abend Millionen Gründe, warum sie nicht schlafen konnte, aber die Wahrheit ist: Sie hatte Angst, dass ich einfach gehe. Schließlich hat sie es so gelernt: Im Zweifelsfalle kommt Mutti mich einfach nicht mehr abholen und ist dann für über ein Jahr verschwunden ...

Das Vertrauen meiner Tochter hat in dieser Zeit selbstverständlich schwer gelitten. Inzwischen hat sie natürlich schon tausendmal das Gegenteil erfahren, doch es ist schwer, diese Enttäuschung wieder aufzuwiegen. In Lauras Kopf ist irgendwo gespeichert, dass sie sich auf mein Wort nicht verlassen kann und dass ich jederzeit einfach weg sein könnte. Ich komme kaum dagegen an, und ich fühle mich schuldig. Obwohl ich für dieses Vergehen keinerlei Verantwortung trage, fühle ich mich schlecht. Ich hätte sie mit der Polizei da rausholen sollen, ich hätte sie einfach zurückentführen sollen, ich hätte, hätte, hätte ...

Wenn wir mal wieder eine schlechte Phase haben und es Abend wird, dann sitze ich an meinem Computer und warte nur darauf, dass sie aus dem Bett herübergetapst kommt. Irgendwann höre ich den Sprung aus dem Bett, das Trippeln, meine Tür wird geöffnet, und ein langgezogenes und sanft formuliertes »Mammaaaaa?« ist zu hören. Dann steht sie im Türrahmen, sieht mich mit großen Augen an und überlegt, was ihr fehlt. Zuerst sind es meistens Bauchschmerzen. Sie braucht einen Tee und eine Wärmflasche.

Ich weiß genau, dass sie keine Bauchschmerzen hat, und doch packt mich das schlechte Gewissen, wenn ich ihr selbstverständlich nicht jeden Abend ihre Bauchschmerzen abnehmen will. Zumal sie, darauf angesprochen, auch gerne antwortet: »Gestern hatte ich keine Bauchschmerzen und vorgestern und vorvorgestern auch nicht. Da habe ich gelogen. Aber heute habe ich wirklich welche!« Wenn ich mich verweigere – und das geschieht häufig –, zieht sie beleidigt ab, und ich kann sie noch lange fluchen hören. Ich bin dann eine Rabenmutter, die ihr Kind leiden lässt, die schlechteste Mutter im Universum und so weiter.

Meistens hört man über derlei hinweg. Man steht drüber. Man ist ja schließlich erwachsen. Und sie meint es ja nicht so. Und ich bin ja vernünftig. Aber während man sich selbst beruhigend diese Worte zuflüstert, hört man plötzlich ganz leise, wie das Herz ein wenig reißt. Erst ist es Mitleid mit dem Kind und vielleicht auch noch Mitleid mit dem Kind, das man selbst einmal war, und dieses Mitleid wächst dann im Laufe des Abends zu einem riesigen Schuldgefühl heran. In der Zwischenzeit kommt das Kind noch ein paarmal herein. Draußen war ein Geräusch, unter ihrem Bett ist wahrscheinlich ein Krokodil, vor dem Fenster kriechen Schlangen … Und ich werde immer unruhiger und bekomme ein immer schlechteres Gewissen.

Ich meine, da liegt das arme Kind um elf Uhr nachts allein in seinem Bett, unter dem ein Krokodil wohnt, umgeben von Schlangen, mit Bauchschmerzen und tausend gruseligen Geräuschen, und ich rette es nicht! Das klingt sehr witzig. Das ist es aber nicht. In solchen Phasen fühle ich mich jeden Abend, als würde ich verurteilt. Jeden Abend werde ich eines Verbrechens angezeigt: mein Kind nicht genügend zu lieben. Und wenn ich es auch tausendmal besser weiß, so lassen diese Schuldgefühle einen einfach nicht mehr los.

Mit dem Kindsvater konnte ich über derlei lange nicht reden. Ging es dem Kind nicht gut, so hielt er das selbstverständlich auch für meine Schuld. Schließlich war ich ja immer bei dem Kind. Wenn etwas schieflief, musste es an mir liegen.
Ich habe mich so oft wund gewünscht an dem Gedanken, ich könnte diese Schuld mit irgendjemandem teilen. Aber als Mutterseelenalleinerziehende trägt man alle Schulden und Schuldigkeiten selbst. Inzwischen bin ich, nach etwa fünf Jahren, nicht mehr alleine, und mit Papa Stein ist der Kontakt seit etwa einem halben Jahr besser geworden. Und wenn ich zurückblicke auf diese lange Zeit des Alleinerziehens, dann kann ich jede gegenwärtige Minute zutiefst genießen. Die Einsamkeit des Alleinerziehens ist unerträglich.

# Teil 2

# ALLEINERZIEHEN UND EMANZIPATION

Das Mutterseelenalleinerziehen ist in aller Regel weiblich und wird in weiten Teilen von der Regierung ignoriert. Warum wir uns dringend emanzipieren müssen, wieso wir durch das zuständige Ministerium nicht unterstützt, sondern unterdrückt werden, und was wir dringend nötig hätten.

Die Einelternfamilien sind eine der größten Risikogruppen in Deutschland, wenn es um das Thema Armutsrisiko geht. In Berlin sind ein Drittel aller Familien Einelternfamilien. Ein politischer Blick auf das Alleinerziehen.

# 17.
# ÜBERMUTTER – SCHULD AN ALL DER SCHULD TRÄGT DER MUTTERKULT

Verweilen wir noch einen Moment beim Thema Schuld. Die schuldigsten Mütter der Welt, das sind die deutschen Mütter. In der deutschen Sprache gibt es nämlich ein Wort, dem wir deutschen Mamas zum Opfer fallen: die Rabenmutter. Es gibt für dieses Wort tatsächlich in keiner Sprache der Welt eine Entsprechung. Nur wir Deutschen kennen einen Begriff für unsere Versagermütter. Eine deutsche Mutter, die versucht, sich selbst zu verwirklichen, fällt nur allzu schnell in dieses Raster.

Klar, wir sind ein fortschrittliches Land mit einer Frau an der Spitze der Regierung. Aber wäre Angela Merkel auch Kanzlerin geworden, wenn sie Mutter wäre? Selbstverständlich nicht. Würde Frau Merkel in ihrer Position ein Kind haben, so würde sie von uns Deutschen als Rabenmutter geächtet. So wie Ursula von der Leyen, die gerne mit einer Maschine verglichen wird in der Presselandschaft.

Für sich genommen ist das Wort »Mutter« nichts als eine biologische Information. Mutter und Vater sind im Grunde nichts weiter als die Bezeichnungen der Personen, die gemeinsam ein Kind gezeugt haben. Und während wir dem Wort »Vater« auch weiterhin keinen besonderen Wert beimessen, ist das Wort »Mutter« belegt mit unzähligen Deutungen und Wertvorstellungen. Über die biologische Bedeutung des Wortes hinaus überladen wir es mit unseren moralischen Ideologien.

Wir sind keine Mütter. Wir sind Übermütter. Und dabei ist diese »Übermütterung« nicht einmal althergebrachte Tradition. Unser heutiges Mutterbild ist im Wesentlichen geprägt durch den Nationalsozialismus. Meine Uroma zum Beispiel hat sicher nicht daheim die Kinder überversorgt und »bemuttert«. Meine Urgroßmutter musste aufs Feld. Und da hat man sich sein Baby einfach auf den Rücken gebunden und den ganzen Tag gearbeitet. Während des Nationalsozialismus allerdings wurden die Frauen aus dem gesellschaftlichen Leben verdrängt. Sie sollten möglichst viele Kinder gebären und diese zu tapferen Soldaten großziehen. Ab dem vierten Kind gab es gar eine Ehrenauszeichnung: das Mutterkreuz.

Seither hat sich in puncto Selbstverwirklichung der Frau leider nicht besonders viel getan. In unseren Köpfen steckt immer noch dieser nationalsozialistische Gedankenfehler, eine Mutter müsse für ihr Kind immer Bezugsperson Nummer eins darstellen.

Und während in anderen europäischen Ländern die Kinderbetreuung durch den Staat ganz hervorragend funktioniert, schwelt in den deutschen Köpfen immer die Angst, eine zu frühzeitige Versorgung durch Dritte könnte dem Kind in seiner Entwicklung erheblichen Schaden zufügen.

Das ist ein Bild, mit dem wir ganz dringend aufräumen müssen! Selbstverständlich ist frühkindliche Bindung von enormer Bedeutung für die gesamte Entwicklung eines Menschen, jedoch ist es dabei vollkommen unerheblich, wer dem Kind das sogenannte Bonding gibt. Bindung kann ein Neugeborenes ebenso durch den Vater oder eine andere betraute Person erlangen – oder eben durch mehrere enge Bezugspersonen.

Eine Frau ist im Grunde wie ein Mann. Eine Frau ist ein

Mensch. Und ein Mensch will arbeiten. Er möchte zwischen seiner Geburt und seinem Tod eine Entwicklung durchlaufen; sich nach eigenen Ideen formen und wachsen. Was uns alle eint, ist die Sehnsucht nach dem Fortschritt. Stillstand ist der Tod.

Es muss endlich legitimiert werden, dass Frauen sich durch Arbeit und nicht allein durch Mutterschaft verwirklichen können. Solange es aber Modelle wie das Ehegattensplitting gibt – eine Subvention, die sich am Verdienstunterschied der Ehepartner bemisst, je größer der Unterschied, desto größer die Förderung –, werden Frauen weiterhin in dieses traditionelle Muster gepresst. Kinder werden bei dieser Förderung übrigens nicht berücksichtigt. Am meisten profitieren demnach verheiratete Paare, bei denen einer ein Vielverdiener ist und der andere gar nichts verdient.

Solange in Deutschland Männer in vergleichbaren Positionen ein höheres Gehalt erwirtschaften als ihre Frauen, werden es selbstverständlich in der Regel ebendiese Frauen sein, die zu Hause bleiben und durch das Ehegattensplitting gefördert werden. Der Name scheint ja schon davon auszugehen. Was hier gesplittet wird, ist das Gehalt des Gatten. Somit fördert der Staat mit Betreuungsgeld und Ehegattensplitting ebenjene, die sich allein der Aufzucht ihrer Kinder widmen, oder sogar »Familien«, die gar keine Kinder haben. Damit wird die Gleichstellung der Frau vom Staat massiv behindert.

Die Idee von Glückseligkeit und Erfüllung durch Mutterschaft ist ein Mythos. Und dieser Mythos ist in unserem Land so weit verbreitet, dass wir Mütter uns auf dem Spielplatz vorsichtshalber gegenseitig versichern, wie erfüllt wir angeblich sind, wenn wir den Tag alleine mit unseren Kindern verbringen. Marketingagenturen verbreiten weiterhin den Mutterkult und nutzen ihn für ganz neue Industriezweige. Wir versuchen, bei möglichst jedem Trend mitzumachen, den uns die Werbung als Heilsbringer verspricht: angefangen bei der reinen Bioernährung bis hin zur antibakteriellen Windel.

Wir schmeicheln, wie süß und bereichernd unsere Kleinen doch für uns seien und wie sehr sie unser Leben zum Positiven verändert hätten. Dabei schlucken wir lieber hinunter, dass wir unter chronischem Schlafmangel leiden, dass wir gerne einmal etwas für uns tun würden, dass wir am Ende womöglich acht Stunden am Tag etwas vollkommen anderes arbeiten möchten.

Und anstatt uns gegenseitig immer wieder in unserem schlechten Gewissen zu bestärken, sollten wir einfach mal ehrlich sein. Wir knebeln uns selbst. Die Wahrheit ist, dass wir unsere Kinder lieben. Sie mehr als uns selbst zu lieben, wie man floskelartig formuliert, wäre ein Fiasko für Mütter und Kinder.

Wir lieben unsere Kinder. Aber wir lieben sie nicht mehr als uns selbst. Wir sollten uns deshalb kein schlechtes Gewissen einreden lassen. Wir wollen arbeiten und uns weiterentwickeln. Wir wollen – wie die Väter nun einmal auch – noch Dinge erleben, die uns intellektuell fordern. Wir wollen auch mal Ruhe, und wir wollen Sinnlichkeit. Wir wollen einfach leben!

Ich wette, ich spreche da für mehr Mütter, als ich selbst glauben kann nach all den Gesprächen auf Spielplätzen und Elternversammlungen.

Ich mache den Anfang. Ich fordere bessere Betreuungsmodelle, mehr Kita- und Hortplätze und die Anpassung der Arbeitszeiten an die Möglichkeiten von Alleinerziehenden (Gleitzeit, Teilzeit, einen Bürohort usw.). Ich fordere, dass Unternehmen ab einer Größe von 250 Mitarbeitern einen Hort für den Nachwuchs ihrer Mitarbeiter bereitstellen müssen, ich fordere gezielte Programme zur Rückführung von Müttern in ihren Beruf, und ich fordere vor allem eines: RESPEKT. Für mich und all die anderen Rabenmütter da draußen, die versuchen, sich selbst zu verwirklichen.

Helfen wir uns gegenseitig, die Rollenmuster in unseren Köpfen zu überdenken und das verdammte schlechte Gewissen abzuschütteln! Es entbehrt jeder Grundlage. Von nun an dürfen wir alle beruhigt sein. Unser Mutterbild entspringt reiner Ideologie. Raus mit den Nazi-Mythen aus unseren Köpfen!

# 18.
# BERUFSPAPA

Im Sommer 2011 war auf der Titelseite des *ZEITmagazins* das gemalte Gesicht eines glücklichen, entspannten Mannes zu sehen, darunter stand: »Endlich hab ich Zeit!« Blätterte man um, sah man das ganze Bild. Um den Mann herum tummelten sich seine drei Kinder, flankiert von der Schlagzeile: »Endlich habe ich Zeit für meine Familie – Was Männer tun können, um für ihre Kinder da zu sein.«

Als ich diesen Titel sah, packte mich die Wut. Ist es inzwischen schon anerkannter Zustand, dass Männer erst einmal nicht für ihre Kinder da sind? Ist dieser Zustand so selbstverständlich, dass man in der Presse nun über die neuesten Ergebnisse zum Thema »Der Mann stellt sich seiner Verantwortung« berichten muss?

Diese Frage stellte ich auch in meinem Blog, woraufhin eine hitzige Diskussion entbrannte. Einige verantwortungsbewusste Männer fühlten sich auf den Schlips getreten. Vielen scheint es offenbar unmöglich, über ihren eigenen Tellerrand hinauszusehen und die bekannten Statistiken anzuerkennen.

Insgesamt lebten laut Mikrozensus im Jahr 2009 rund 2,4 Millionen Kinder bei Alleinerziehenden, davon knapp 2,2 Millionen bei alleinerziehenden Müttern. Laut Statistischem Bundesamt zahlen immer noch 50 % der getrennten Väter keinen Unterhalt für ihre Kinder.

Es hilft nichts, die Augen vor diesem Phänomen zu verschließen. Es wird Zeit für ein neues Erziehermodell.

Laut aktuellem nationalen Bildungsbericht, den das Bundesbildungsministerium in Auftrag gegeben hat, müssten bis 2013 ca. 50 000 zusätzliche ausgebildete Erzieher eingestellt werden, um dem Kitaförderungsgesetz von Ursula von der Leyen Rechnung zu tragen. In Wahrheit, glaube ich, sind diese Zahlen sehr vorsichtig geschätzt.

Bislang ist das Berufsbild aber wenig attraktiv, vor allem für Männer. Wie bei den Alleinerziehern finden sich auch hier über 90 % Frauen. Und diese haben – je nach Bundesland – mit einem Einkommen von höchstens 1300 Euro netto zu rechnen. Wo sollen diese 50 000 enorm frustrationstoleranten Auszubildenden herkommen, und wie sollen sie bis 2013 fertig ausgebildet sein? Und wäre es in Anbetracht der Tatsache, dass in diesem Land so viele Kinder ohne ihren Vater aufwachsen, nicht wünschenswert, vor allem männliche Erzieher ins Rennen zu schicken?

Erziehungsexperten klagen darüber, dass heute vielerorts die männlichen Bezugspersonen fehlen, was dazu führt, dass gerade Jungs dazu gezwungen sind, sich ihr Männerbild aus dem Nichts selbst anzufertigen. Dies tun sie dann meist mit Hilfe von Fernseh- oder sonstigen Männerfiguren. Sie orientieren sich an Cowboys und Superhelden, echte Männer sind in diesem Prozess leider oft Mangelware.

Aber ein Mann ist kein Superheld. Ein Mann ist ein Mensch wie eine Frau. Nur hat er eben zu vielen Dingen einen anderen Zugang. Ohne einen Mann, der diesen Zugang vermittelt, wird unsere Gesellschaft entweder verweiblichen oder lauter verblendete Superhelden hervorbringen. Machos und Weicheier. Es fehlt immer mehr an einer männlichen Normalität. Internationale Studien zeigen außerdem Zusammenhänge zwischen Teenagerschwangerschaften bei Mädchen und einem fehlenden Vaterbild sowie höhere Gewaltbereitschaft bei Jungen, die ohne einen Vater aufwachsen.

Der Soziologe David Popenoe fand in seiner Studie »Life Without Father« von 2007 heraus, dass in den USA 60 % der Vergewaltiger, 72 % der Mörder im jugendlichen Alter und 70 % der zu hohen Haftstrafen verurteilten Häftlinge ohne einen Vater aufgewachsen sind.

Hans Hüsgen, ehemaliger Leiter der Geschäftsstelle des Landesdrogenreferats in Nordrhein-Westfalen, hat 2007 eine ähnliche Befragung mit Drogensüchtigen durchgeführt und dabei die folgenden Ergebnisse erhalten: 70,1 % der Drogenabhängigen und 49,5 % der Alkohol- und Medikamentenabhängigen gaben an, durchgehend oder zeitweilig ohne leiblichen Vater aufgewachsen zu sein.

Eine Langzeitstudie der Universität Leipzig über Menschen, die aufgrund des Zweiten Weltkrieges vaterlos aufwuchsen, belegt, dass die Betroffenen deutlich stärker zu Depressionen, Misstrauen gegenüber anderen Menschen und Ermüdung neigen. Frauen, die ohne Vater aufwuchsen, leiden verstärkt unter Erschöpfung, Mattigkeit und Kreislaufbeschwerden. »Insgesamt wurden bei vaterlos Aufgewachsenen stärkere soziale Einschränkungen und eine negativere Befindlichkeit als bei nicht vaterlos Aufgewachsenen festgestellt«, bilanzierte 2004 Untersuchungsleiter Elmar Brähler. Diese Belastungen dauern nach seiner Einschätzung oft das ganze Leben an.

Zusätzlich hat eine Studie von 1993 herausgestellt, dass Jungen, die ohne Vater aufwachsen, in ihrer Pubertät eine Art »hypermaskulines« Verhalten an den Tag legen. Dort heißt es: »Sie üben sich im harten, überkompensatorisch maskulinen Auftreten«, und genannt werden dazu Eigentumsdelikte, Körperverletzungen, Aggressionen und das Ausnutzen anderer.

Außerdem führt eine vor allem durch Frauen vermittelte Erziehung meist zu dem Good-Cop-/Bad-Cop-Phänomen, bei welchem immer derjenige, der die Erziehungsrolle innehat, den Bösen mimt und derjenige, der nur hin und wieder auftaucht, sich auf die schönen Seiten des Lebens konzentrieren kann.

In einfachen Worten: Mütter (die in der Regel das Alleinerziehen übernehmen) sind die bösen, schimpfenden Buhmänner, Väter sind Superhelden, die am Wochenende mit den Kindern in Freizeitparks und Schwimmbäder gehen. Während Mama zu solchen Wochenendausflügen meist die Energie und das Geld fehlen. Der Vater verkommt dabei zu einem abwesenden Gutmenschen, die Mutter zur Ursache für alle späteren Traumata.

Wünschenswert wäre also eine Männerquote. Dazu müsste aber zunächst einmal der Beruf des Erziehers einen attraktiveren Anstrich bekommen.

Erziehung ist ein anspruchsvoller Beruf und darf nicht geringer entlohnt werden als beispielsweise der Beruf des Bauarbeiters. Das Image der Erziehungsarbeit muss aufgewertet werden. Tagesmutter zu sein ist in Deutschland zum Beispiel ein prekärer Beruf trotz der enormen Verantwortung. Vielleicht sollte das Ganze unternehmerischer angegangen werden. Ein umfassendes Betreuungsprogramm für dieses Land könnte auch bessere Aufstiegschancen bieten. Würden diese Posten höher vergütet, wären bestimmt auch mehr Männer bereit für einen pädagogischen Beruf. Anreize müssen geschaffen werden. Eine Imagekampagne ist vonnöten, um ein Umdenken in der Gesellschaft zu erzielen.

Es gibt in diesem Land kaum männliche Erzieher (15 %) oder Grundschullehrer (15 %), 50 % der unterhaltspflichtigen Väter zahlen nicht für ihre Kinder, und die Väter, die in Ehen leben, übernehmen in der Regel den Broterwerb und sind somit auch in den Familien schwächer an der Erziehung beteiligt als die Frauen. Männerbilder gehen größtenteils verloren.

# 19.
## STAATLICH SUBVENTIONIERTER
## SELBSTMORD AUF RATEN

Inzwischen arbeite ich daran, dass sich unser »Zustand« normalisiert. Ich schreibe hin und wieder für Magazine, Zeitungen oder das Fernsehen, mache weiter mit meiner Musik und schreibe an Büchern. Finanzieren kann ich uns auf diese Weise bisher nicht. Wie viele andere Alleinerziehende beziehe ich also aufstockende Leistungen aus dem Arbeitslosengeld II.

Laut der letzten Arbeitslosenstatistik leben in diesem Land im Moment knapp drei Millionen Menschen ohne Beruf. Das ist die Statistik. Und dann kommen Kritiker und Realisten und mahnen: »Ja, Moment mal! In dieser Zahl fehlen alle krankgemeldeten Arbeitslosen, alle Ein-Euro-Jobber, alle Menschen über 58 Jahre und alle Menschen, die einen privaten Arbeitsvermittler aufsuchen.«

Die Linkspartei hat noch einmal nachgerechnet und veröffentlicht auf ihrer Internetseite die folgende Arbeitslosenzahl für unser Land: 3 957 257. Das sind dann mal eben eine Million Arbeitslose mehr.

Ich habe auch noch einmal nachgerechnet und komme zu dem wohl erfreulichsten aller Ergebnisse: Es gibt in diesem Land ÜBERHAUPT KEINE Arbeitslosen!

Seitdem ich arbeitslos gemeldet bin, komme ich wirklich zu gar nichts mehr. Die Arbeitslosigkeit spannt mich sehr ein. Ich habe alle Hände voll damit zu tun, zu belegen, dass ich arbeitslos bin, zu beweisen, dass ich es immer noch bin, und um Widerspruch zu leisten gegen die zahlreichen Versuche des Arbeitsamtes, meine Bezüge hier und da ein wenig zusammenzukürzen.

Nun bekommt ihr mal einen kleinen Einblick in die Geschichte eines herkömmlichen »Arbeitslosen«:

Nachdem ich mich arbeitslos gemeldet hatte, bekam ich einen Bescheid. Auf diesem Bescheid stand, dass meine Tochter und ich fortan mit 203 Euro pro Monat versorgt werden würden.

Ähm, Moment mal, dachte ich und machte mich auf zum Arbeitsamt. Als ich nach Stunden des zersetzenden Wartens endlich einen Berater sprechen konnte, fragte ich ihn, wie ich von dieser lächerlichen Summe eigentlich leben, geschweige denn meine Miete zahlen solle. Ich wurde darüber aufgeklärt, dass mir monatlich ein Verdienst von 500 Euro angerechnet würde und mir darum nicht mehr Unterstützung zustünde.

»Aber wieso werden mir denn 500 Euro angerechnet?«, wollte ich wissen. Schließlich hatte ich das niemals irgendwo angegeben, weil es schlicht nicht den Tatsachen entsprach. Ich verdiente zu dieser Zeit nämlich überhaupt gar nichts.

Der Berater surfte quer durch das Netzwerk des Amtes und förderte die Informationen zutage, die all das rechtfertigen sollten. Die Begründung lautete: »Sie haben im November, Dezember und Januar insgesamt über 10 000 Euro erwirtschaftet. Bei so hohen Verdienstmöglichkeiten gehen wir davon aus, dass Sie auch im Augenblick wenigstens über geringfügige Mittel verfügen.«

In diesen drei Monaten hatte ich Drehbücher für eine ZDF-Serie geschrieben und tatsächlich gut verdient. Nun verdiente ich aber genauso wahrhaftig überhaupt kein Geld.

Also erinnerte ich den Berater daran, dass meine Kontoauszüge dem Amt vorliegen und dass ich auch gerne aktuelle nachreichen würde, um erneut zu belegen, dass ich ohne Arbeit sei.

Der Berater lächelte. »Mal ehrlich, was wollen Sie denn hier?«, fragte er mich. »Jemand wie Sie kann doch Geld verdienen!«

»Das kann ich schon. Aber nicht solange ich damit beschäftigt bin, auf dem Arbeitsamt um meine Existenz zu kämpfen!«

Der Berater lächelte weiter. Irgendwie wollte er wohl nicht so richtig glauben, dass so eine »Spitzenverdienerin« wie ich nun wirklich vollkommen mittellos dastünde. Ich zeigte ihm also die Räumungsklage meines Vermieters.

»Hier, bitte schön, Herr Berater. Das ist passiert, weil Sie mir in den letzten drei Monaten die Mietzahlungen verweigert haben. Meine Tochter und ich sind übrigens auch nicht krankenversichert im Augenblick.«

Na schön, dann wolle er das eben alles noch einmal prüfen lassen.

Die Prüfung dauerte einen weiteren Monat, in welchem ich mir überall Geld borgen musste. Schließlich sah das Amt seinen Fehler ein und überwies mir die ausstehenden Mieten. Ich reichte diese schleunigst an meine Hausverwaltung weiter und legte Widerspruch beim Amtsgericht gegen meine Räumung ein. Nach zwei Wochen wurde die Klage fallen gelassen. Die Kosten für das Verfahren wurden mir auferlegt. Man gab mir zwei Wochen Zeit, dagegen Einspruch zu erheben.

Eine weitere Woche später erhielt ich einen Brief vom Jobcenter. Der Adressat schrieb wörtlich, ihm sei zu Ohren gekommen, dass ich Schwierigkeiten damit hätte, meine Miete zu bezahlen. Darum würde das Amt das fortan übernehmen. Man teilte mir mit, dass ich zukünftig die Miete nicht ausgezahlt bekäme, sondern sie direkt vom Amt an meine Hausverwaltung überwiesen würde.

Das ist doch interessant, dachte ich. Weil es ja das Amt gewesen war, das es nicht hinbekam, meine Miete zu zahlen.

Weiterhin stand in diesem Schreiben, dass ich – falls ich nun rechtliche Schwierigkeiten wegen dieser Sache hätte – zu einem Beratungstermin im Amt erscheinen sollte. Diesen Termin könne ich leider nicht telefonisch vereinbaren, und ich solle mich stattdessen mit diesem Schreiben als Beleg zum Jobcenter aufmachen, um mir dort unter Vorlage des Wischs einen persönlichen Termin geben zu lassen.

Mit anderen Worten: Bitte verschwenden Sie noch mal einen Tag Ihrer kostbaren Zeit, um darauf zu warten, dass man Ihnen einen weiteren Tag in ferner Zukunft nennt, den Sie gemeinsam mit uns verschwenden können!

Ich rief beim Amt an und erklärte, dass ich jetzt noch genau eine Woche Zeit dazu hätte, mich gegen die Auferlegung der Kosten zu wehren, und ob es in diesem Fall nicht sinnvoll sei, mir einfach gleich einen Termin zu geben.

»Das ist so schnell leider nicht möglich«, wurde ich aufgeklärt. »Die Wartezeit für unsere Termine beträgt im Moment drei bis vier Wochen.«

In der Zwischenzeit erreichte mich ein weiterer Brief. Meine Leistungen wurden gekürzt. Warum, stand da nicht. Ich wurde erneut auf 203 Euro zurückgestuft, und ich kratzte mir den Kopf, als ich das Schreiben auf eine Begründung hin untersuchte. Ich konnte keine finden und trottete wieder zum Arbeitsamt.

Zusammen mit dem Unterhalt des Vaters und dem Kindergeld hatte ich momentan also etwas mehr als 500 Euro. Von diesem Geld sollte ich unsere Versicherungen zahlen, unsere Lebensmittel, Kleidung, Lauras Schulsachen usw. Für Schulausstattung musste ich insgesamt 500 Euro bezahlen, nachdem ich Laura zu mir zurückgeholt hatte. Laura wurde seit Schulbeginn immer wieder abgemahnt, weil das eine oder andere fehlte. Wir mussten uns diese Dinge buchstäblich vom Mund absparen. Schuhe für den Sportunterricht und Schwimmzeug konnte ich erst nach etlichen Monaten besorgen. Eigentlich hätte Laura auch ein paar Straßenschuhe zum Wechseln gebraucht, nebst neuer Unterwäsche und warmer Kleidung für den Herbst. Wovon ich das bezahlen sollte, war mir ein Rätsel. Laura sollte inzwischen für einen Monat vom Sportunterricht ausgeschlossen werden. Weil sie keine Schuhe hatte.

MIR sind solche Dinge zum Glück nicht peinlich. Ich kann nichts für dieses System und schäme mich nicht für meine sogenannte Arbeitslosigkeit. Ich selbst weiß ja, was ich leiste und dass ich auch bald wieder Geld verdienen werde. Aber ich denke gerade an unzählige andere Mütter, denen es anders geht. Menschen, die in naher Zukunft keinen Verdienst erwarten, und Menschen, denen ihr Status unangenehm ist. Kaufen die dann Schuhe für den Sportunterricht und haben am Ende des Monats nichts mehr zu essen?

Diesmal gab das Amt freundlich Auskunft, dass ich gegen den aktuellen Bescheid, nach dem meine Leistungen wieder gekürzt worden waren, gerne Widerspruch einlegen könnte und dass man den Fall dann erneut prüfen würde.

Es ist kein Wunder, dass sie mir immerzu mein Geld kürzen. Schließlich investiert der Staat wahrscheinlich eine ganze Menge Geld in das ständige Prüfen aller Anträge und vor allem Widersprüche. Das Bundessozialgericht in Karlsruhe hat 2010 die bisherige Berechnung von Hartz IV für grundgesetzwidrig erklärt und eine Neuberechnung bis zum 1. Januar

2011 verlangt. Dergleichen ist nicht geschehen. Die Zahlen der Klagen gegen Hartz IV steigen jährlich.

180 000 Klagen gab es im Jahr 2010, und sie legen Teile der Justiz lahm. Die Klagen und erneuten Prüfungen aller Anträge kosten den Staat mit Sicherheit weitaus mehr als die Summe für Arbeitslosengeld insgesamt. Darüber wurde und wird ständig berichtet.

Halten wir fest: Es gibt in Deutschland ein paar wenige, nicht besonders gut durchdachte Konzepte der Elternförderung. Es gibt das Elterngeld, das Ehegattensplitting (was unabhängig von Elternschaft gewährleistet ist; somit erhält man quasi eine Belohnung für die Heirat, ohne dass man sich dadurch zu einer Gegenleistung gegenüber der Gesellschaft verpflichtet), das Betreuungsgeld, das Kindergeld und den Kinderfreibetrag. Das Kindergeld und die Freibeträge werden nach einem Beschluss des Oberlandesgerichts vom 20. Oktober 2011 auch als Einnahmen mit dem Arbeitslosengeld II verrechnet. Betreuungsgeld und Elterngeld stehen Empfängern von Arbeitslosengeld II gar nicht zu.

Eindeutig erkennbar ist, dass diese Konzepte in der Realität eines Hartz-IV-Empfängers einen weiteren Ausschluss aus der Gesellschaft bedeuten. Diejenigen, die finanzielle Förderung ihrer Familie am nötigsten haben, müssen Teile davon an den Staat zurückgeben, während die Menschen ab den mittleren Einkommensverhältnissen alles behalten dürfen. Von dem bisschen, was sie haben, werden alle Posten abgezogen, die anderen Eltern außerhalb eines Leistungsbezuges gesetzlich zustehen. Mit anderen Worten: Wer Geld hat, bekommt noch mehr, wer kaum welches hat, dem wird von dem bisschen auch noch alles abgezogen, was zur Existenzsicherung der deutschen Familien gedacht ist.

Hartz IV verarmt Menschen materiell und seelisch. Dieses

System funktioniert schlicht und ergreifend nicht. Und es wurde längst für gesetzwidrig und menschenunwürdig erklärt.

Auch meiner Würde und der meiner Tochter wurde erneut Schaden zugefügt, weil ich mich am Ende der Räumung beugen und wieder nach einer neuen Wohnung suchen musste. Zwei Monate mussten Laura und ich bei einer Freundin unterkommen, bevor wir endlich eine neue Wohnung hatten, für die das Amt dann problemlos einfach zahlte. Wann immer ich in meinem Leben von Hartz IV abhängig war, fühlte ich mich gejagt.

# 20.
# VON DER NOTWENDIGKEIT DER BERGE, SICH SELBST ZU VERSETZEN

42 % aller Alleinerziehenden in Deutschland beziehen Arbeitslosengeld II. Wer in diesem Land zum Alleinerziehenden wird, dem bleibt kaum ein anderer Werdegang als der Weg in die Armut. Zumindest denjenigen unter uns, die nicht im privaten Bereich Unterstützung erhalten oder das nötige Kleingeld für eine private Betreuung haben. Wer sich tatsächlich ganz alleine um seine Kinder kümmern muss – und die Zahl dieser Gruppe wird immer größer –, dem ist es kaum möglich zu arbeiten, da Erzieher und Kitaplätze Mangelware sind.

So bleibt vielen Alleinerziehenden nur noch die Arbeitslosigkeit oder eine der vielen geringfügigen Beschäftigungen, von denen kein Mensch, geschweige denn eine Familie leben kann. Polemisch ausgedrückt: Der Staat zwingt die Alleinerziehenden in die Armut.

Der im Sommer 2012 veröffentlichte Armuts- und Reichtumsbericht brachte es ans Licht: Die Gruppe der Einelternfamilien ist stark von Armut bedroht, und von Jahr zu Jahr werden mehr von ihnen mittellos.

In der BRD sind derzeit 20 % der Familien Einelternfamilien, in den Großstädten (mit Ausnahme von München) sind es um die 30 % der Familien. Von der Zahl der Alleinerziehenden absolut sind in Deutschland 57 % erwerbstätig, wobei – ich hatte es bereits erwähnt – alle, die mindestens eine Stunde pro Woche arbeiten, als erwerbstätig eingestuft werden. In Berlin sind 46 % der Alleinerziehenden arbeitslos. Tendenz auch hier wieder steigend.

Was bedeutet es eigentlich, Empfänger von Arbeitslosengeld II zu sein?

Das Bundesverfassungsgericht hat bereits im Februar 2010 die Berechnung der Hartz-IV-Regelsätze für grundgesetzwidrig erklärt hat. Bis heute hat sich an diesen Berechnungen dennoch nicht viel geändert. Im Januar 2011 wurde der Satz um fünf Euro erhöht, und für die Kinder dieser Familien hat sich das Bundesministerium für Arbeit und Soziales das Bildungspaket ausgedacht. Es enthält finanzielle Leistungen für Kinder aus sozial schwachen Familien, zum Beispiel zehn Euro für Musik- oder Sportunterricht. Oder die Kosten für das Mittagessen in der Schule. Ich werde später noch darauf zurückkommen.

Das Gute am Bildungspaket ist, dass es unsere Regierung entlastet. Jetzt muss der Bedürftige nämlich erst mal kommen. Wenn der Prophet nicht zum Berg will, dann muss der Berg beim Propheten eben einen Antrag stellen. Dadurch spart der Prophet eine ganze Menge Geld ein. Der Berg muss sich jetzt selbst versetzen. Wenn Berge versetzt werden sollen, muss es schon ein hohes Maß an Notwendigkeit dafür geben. Was ist denn mit den Bergen? Geht es denen denn wirklich so schlecht?

Wie gut oder schlecht es so einem Berg geht, der von Hartz IV leben muss, das kann man in der Aufschlüsselung dieser Sätze ganz genau nachlesen.

Hier die Aufschlüsselung des Arbeitslosengeld-II-Satzes für einen Erwachsenen mit einem Kind in Berlin (Mietkosten, Versicherung und Mehrbedarf nicht eingeschlossen):

- Nahrungsmittel und alkoholfreie Getränke € 128,46
- Alkoholische Getränke, Tabak und Drogen € 0
- Bekleidung und Schuhe € 30,40
- Wohnen, Energie und Instandhaltung € 30,24
- Innenausstattung, Haushaltsgeräte und € 27,41
  -gegenstände
- Gesundheitspflege € 15,55
- Verkehr € 22,78
- Nachrichtenübermittlungen € 31,96
- Freizeit, Unterhaltung, Kultur € 39,96
- Bildung € 1,39
- Beherbergungs- und Gaststättenleistungen € 7,16
- Andere Waren und Dienstleistungen € 26,50
  **Summe** **€ 361,81**

In Berlin können Empfänger von Hartz IV vergünstigte Monatsfahrkarten für über dreißig Euro erhalten. Dieses Geld wird ihnen real aber gar nicht zur Verfügung gestellt.

Für Kleidung und Schuhe erhält ein Hartz-IV-Empfänger mit Kind gerade mal 30,40 Euro. Ein Kind befindet sich ständig im Wachstum. Schuhe und Kleidung müssen immer wieder neu beschafft werden. Real braucht man zur Bekleidung eines Kindes innerhalb dreier Monate etwa 80 Euro für zwei Paar vernünftige Schuhe, die keine Entwicklungsschäden hervorrufen, ca. 30 Euro für Unterwäsche, 50 Euro für Oberbekleidung und für die Anschaffung von Winterkleidung noch einmal 100 Euro. Somit liegen die wirklichen Ausgaben bei etwa 62 Euro für Kleidung allein für das Kind.

Meine Heizkosten belaufen sich immer auf etwa 45 Euro im Monat, der Satz stellt 30,24 Euro bereit für Wohnen, Energie und Instandhaltung.

Der absurdeste Posten scheint mir die Bildung zu sein, der

auf erschreckende Weise verdeutlicht, welchen Stellenwert dieser Instanz in der deutschen Politik beigemessen wird. 1,39 Euro im Monat für eine Person mit Kind. Hätte ein Hartz-IV-Empfänger die Möglichkeit, sein Geld in diesem Sinne zu sparen (jedoch gibt es diese Möglichkeit nicht, da das Geld zu knapp ist, um davon etwas zu sparen), könnte er einmal im Jahr ein Buch für sein Kind kaufen. Die knapp 40 Euro für Kultur kommen in den wenigsten Familien überhaupt zum Einsatz. Der Löwenanteil wird ohnehin in die Anschaffung von Lebensmitteln investiert, wobei man sich selbstverständlich nicht an die Bestimmung nach der Aufschlüsselung richtet. Für Lebensmittel bleiben dem Empfänger staatlicher Hilfe schließlich nur 31,16 Euro pro Wocheneinkauf.

Wenn der deutsche Berg mal ein Bier trinken will, kann er das gleich wieder vergessen. Da hilft nicht einmal mehr, sich zu versetzen. Wenn er aber wenigstens eine Zuzahlung zur Nachhilfe seiner Kinder oder die in dieser Rechnung beachtlichen zehn Euro monatlich für den Sportunterricht haben möchte, dann kann er ja einen Antrag stellen.

# 21.
# CHANCENGLEICHHEIT

Mit meinem Hartz-IV-Hintergrund bin ich beileibe kein Einzelfall, ich bin sogar eine besonders typische Vertreterin der Alleinerziehenden. Wie geringe Chancen man auf einen ausreichend bezahlten Job hat, wenn man Kinder allein erzieht, habe ich bereits erwähnt.

Die ärmsten Personen Deutschlands lassen sich inzwischen leicht klassifizieren. Der typische Arme ist eine alleinerziehende ostdeutsche Frau, zwischen 18 und 24 Jahre alt. Die Statistiken der Regierung zeigen dies Jahr für Jahr mit steigenden Zahlen auf. Alleinerziehende Frauen sind die am stärksten benachteiligte Gruppe der deutschen Bevölkerung.

In Anbetracht des Wirtschaftswachstums der letzten Jahre und der Tatsache, dass Deutschland reicher ist als je zuvor – im zweiten Quartal 2012 stieg das Geldvermögen der privaten Haushalte auf die Rekordhöhe von 4811 Milliarden Euro –, verwundert es doch sehr, dass wir nicht adäquat für die Zukunft unseres Landes – unsere Kinder – aufkommen.

Die Schere zwischen Arm und Reich ist längst da, und sie wird stetig größer, wie der alljährliche Armuts- und Reichtumsbericht der Bundesregierung zeigt. Welche schlimmen Folgen diese Spaltung für eine Gesellschaft haben kann, belegen mittlerweile mehrere Untersuchungen.

In ihrem 2009 erschienenen Buch *The Spirit Level. Why More Equal Societies Almost Always Do Better* beschreiben Kate

Pickett und Richard G. Wilkinson eindrücklich anhand internationaler Datenbankerhebungen, dass nahezu alle Faktoren, die eine Gesellschaft bedrohen, in direkter Korrelation zum Grad der Ungleichverteilung der Gehälter stehen.

So zeigen Statistiken, dass in Ländern mit höherer Einkommensgleichheit weniger Gewaltverbrechen begangen werden, weniger Menschen in Gefängnissen sitzen, weniger jugendliche Frauen schwanger werden und das Vertrauen unter den Bürgern insgesamt größer ist, was wiederum zu weniger Anzeigen, einer höheren Spendenbereitschaft und größerer Empathie mit den Mitmenschen einhergeht.

Das Buch fasst 400 wissenschaftliche Studien und die Statistiken der Weltbank, der Organisation für wirtschaftliche Zusammenarbeit und Entwicklung (OECD), der Weltgesundheitsorganisation (WHO) und der UN zusammen. Daraus geht eindeutig hervor, dass der größte Indikator für die Zufriedenheit einer Gesellschaft eine hohe Einkommensgleichheit ist. Der UNICEF-Index für das Wohlergehen der Kinder deckt sich übrigens sehr mit den Ergebnissen der Einkommensgleichheit.

Deutschland bewegt sich im internationalen Vergleich im Mittelfeld. Die größte Einkommensgleichheit herrscht in Japan, gefolgt von den skandinavischen Ländern. Die USA und Portugal sind die Schlusslichter.

In Deutschland ist inzwischen jeder Fünfte im Niedriglohnsektor beschäftigt. Diese Menschen verdienen im schlimmsten Fall 3,50 Euro pro Stunde, wovon sie weder sich, geschweige denn eine Familie ernähren können. Diese Menschen müssen Tag für Tag einer Erwerbstätigkeit nachgehen, die nicht dazu reicht, ihre Existenz zu sichern. Auf der anderen Seite haben wir die Spitzenverdiener, die in derselben Zeit mitunter Hunderttausende verdienen. Wieder andere Super-reiche können von geerbten Mitteln leben, ohne jemals einer Erwerbstätigkeit nachgehen zu müssen.

Obwohl es uns also, statistisch gesehen, relativ gutgeht, gibt es doch vermehrt Existenzängste; der Reichtum erreicht näm-lich längst nicht jeden. Deutschlandweit kann man das sin-kende Selbstwertgefühl spüren. In der World-Vision-Kinder-studie 2010 sagten 20 % der deutschen Kinder zwischen sechs und elf Jahren, dass sie sich in der Gesellschaft massiv benach-teiligt fühlten, Tendenz auch in dieser Hinsicht weiter stei-gend. Schon unsere Kinder spüren heute den Leistungsdruck in einer Gesellschaft, in der es kaum mehr Möglichkeiten gibt, seine Fähigkeiten unter Beweis zu stellen.

Dass dieser gesellschaftliche Erwartungsdruck krank macht, ist kein Geheimnis. Es gibt beispielsweise Studien, die bele-gen, dass das Stresshormon Kortisol durch ständigen Leis-tungsdruck erhöht wird. Erhöhte Kortisolwerte wiederum verursachen Herz- und Gefäßkrankheiten, schwächen das Immunsystem und verringern die Lebenserwartung eines Menschen. Außerdem führt eine dauerhafte Ausschüttung von Kortisol auch zu einem narzisstisch-defensiven Syn-drom, welches bei den Betroffenen Empathie und Solidarität vermindert.

Bei Hartz-IV-Empfängern und Beschäftigten im Niedrig-lohnsektor dürften solche mit Dauerstress verbundenen Existenzängste wohl an der Tagesordnung sein. Nicht nur die Le-bensqualität, sondern auch die Lebenserwartung wird da-durch verringert.

Mehr Gleichheit würde also der ganzen Gesellschaft guttun. Je weniger Menschen Angst haben müssen, in die Armut ab-zurutschen, desto glücklicher sind wir alle.

Um mehr Gleichheit herzustellen und zu verhindern, dass sich die Schere zwischen Arm und Reich weiter öffnet, sollte man zuallererst da ansetzen, wo man am meisten bewegen kann: bei den Kindern. Dass Kinder aus Hartz-IV-Familien weniger Chancen haben, ist unbestritten. Bildungsgleichheit muss das oberste Ziel sein.

Die Weltbank rügt Deutschland Jahr für Jahr, dass Kinder aus armen und bildungsfernen Familien durch das deutsche Schulsystem kaum Chancen auf Verbesserungen ihres Lebensstandards haben. Die Millionen, die wir in die Rettung von Banken oder in die Verkehrsentwicklung Japans stecken, würden dem Bildungssektor äußerst guttun.

Verbesserungsvorschläge wurden stetig gemacht, doch es geschieht wenig. Das dreigliedrige Schulsystem, das die Chancenungleichheit verstärkt, könnte durch eine verbindliche Gemeinschaftsschule abgelöst werden, in der die Kinder im besten Fall von Aufnahme bis Ende ihrer Schulzeit ganztägigen Unterricht erhalten müssten. Wir müssten mehr Geld ausgeben für Erzieher und Erzieherinnen, mehr Kitaplätze schaffen und Unternehmen ab einer gewissen Größe gesetzlich dazu verpflichten, Betreuungsplätze in ihren Arbeitsstätten zu unterhalten. Jedes Kind sollte mit denselben Chancen auf Weiterbildung und beruflichen Erfolg groß werden – unabhängig davon, aus welchem Milieu es stammt.

Wir brauchen einen Paradigmenwechsel. Wir müssen uns zunächst darauf einigen, dass unser Ziel eine vom Volk bestimmte Verfassung ist und dass dieses Ziel erst durch eine Gleichstellung in puncto Bildung möglich wird. Bildungsferne ist beispielsweise einer der Faktoren für menschen- und fremdenfeindliche Einstellungen. Diese Risiken können nur durch Bildung beseitigt werden.

Dass Deutschland immer bildungsferner wird, kann man an den alljährlichen Erhebungen festmachen. Und diese Tatsache hat bereits erheblichen Einfluss auf unsere Demokratie. Bei der letzten Präsidentenwahl in den USA zum Beispiel sorgte ein Vergleich für großen Aufruhr. Der Fernsehsender FOX hatte im Oktober 2012 eine Liste veröffentlicht, in welcher die US-Staaten nach Bildungsstärke aufgelistet wurden. Nach Bekanntgabe der Wahlergebnisse hatte ein findiger Leser diese Zahlen nun benutzt, um aufzuzeigen, dass es eine bildungstypische Wahltendenz im Volk gab. In den zehn Staaten mit der besten Bildung gewann ausnahmslos Obama, während in neun der zehn am schlechtesten gebildeten Staaten Romney gewann.

Der Bildungsgrad eines Menschen beeinflusst seine politische Meinungsbildung massiv. Dieses Beispiel zeigt auch, dass Menschen mit einem geringeren Bildungsgrad sogar dazu neigen, eine objektiv gesehen unvernünftige und selbstschädigende Wahl zu treffen. Denn die Staaten mit der größten Bildungsferne sind auch gleichzeitig die ärmsten Staaten Amerikas. So kommt es also, dass die ärmsten Staaten denjenigen zu ihrem Präsidenten wählen wollten, der kurz zuvor in einem Video bekanntgab, dass ihn die 47 % der Amerikaner, die keine Steuern zahlen können, nicht interessierten. Romney bezeichnete die Armen Amerikas als arbeitsfaule Nichtsnutze, was wiederum den Armen offenbar ebenso egal war wie sie Mitt Romney, so dass sie ihn schlussendlich mehrheitlich wählten.

Flächendeckende Bildung würde also nicht nur der wirtschaftlichen Situation der Menschen nutzen, sondern auch ihrer politischen Mündigkeit. Besser gebildete Jugendliche können höhere Abschlüsse erreichen, in höheren Positionen ihren Berufseinstieg finden und die Wirtschaftskraft eines Landes stärken. Momentan haben wir viele Menschen mit geringer Zahlungskraft und niedrigem Bildungsstand. Ein großer Teil der Deutschen kann sich nichts mehr leisten, und viele sind dabei, den gesellschaftlichen Anschluss zu verlieren.

# 22.
# EIN TANZ UM DEN TOPF
# MIT DEM GOLD

Es war im März 2011, als ich aufmerksam wurde auf die sympathischen Plakate. Darauf zu sehen waren glückliche Familien, Kinder, die lachend Bücher lasen oder beim gemeinsamen Schulmittagessen Freude und Neugierde verströmten. Es waren höchst rätselhafte Plakate, deren Botschaft nicht eindeutig zu entschlüsseln war. Es wurde geworben für eine bessere Welt, in der Familien freudig strahlten und die Kinder vor Wissbegier nur so strotzten. Über ihren Köpfen prangte das Logo des Bundesministeriums für Arbeit und Soziales und die Botschaft: »Mitmachen möglich machen!« Diese Plakate waren überall in der Stadt, und sie ließen mich rätselratend zurück.

War das eine Aufforderung? Sollte ich etwas ermöglichen? Konnte ich dazu beitragen, dass Familienbilder künftig so aussehen würden? Was musste ich tun? Oder war das ein Versprechen? Versprach mir hier das Ministerium für Arbeit und Soziales, dass sie mir zukünftig etwas ermöglichen würden? Und was genau würden sie mir ermöglichen? Mitmachen? Also sollte ich doch etwas machen?!

Ich war komplett verunsichert und notierte mir die angegebene Internetseite, um das Rätsel zu lüften. Zunächst musste also tatsächlich ich irgendetwas tun. Ich musste erst mal verstehen, worum es hier überhaupt ging.

Inzwischen waren auch einige Journalisten dem Ruf der Plakate und kryptischen Pressemeldungen gefolgt, und spärlich streuten sich hier und da kleine Meldungen in die Zeitungen über etwas, das sich Bildungspaket nannte. Das Bildungspaket enthalte staatliche Leistungen in Form finanzieller Unterstützung für das Schulmittagessen sowie sportliche Aktivitäten und Bildungsausflüge »sozial schwächerer« Kinder. Und irgendwie könne man diese Leistungen beantragen und irgendwie sogar rückwirkend, aber irgendwie hatte es auch noch nie jemand tatsächlich irgendwo gesehen.

Es war ein Mysterium. Auch die Internetseite half mir keinen Deut weiter.

Nirgendwo konnte ich einen Hinweis darauf finden, wo ich diese Leistungen auf welche Weise beantragen müsste. Alles, was ich begriff, war, dass ich wohl zu den Menschen gehörte, denen sie zustanden. Mitmachen sollte möglich sein. Nein – möglich gemacht werden. Wer jetzt wem?


Meine ersten formlosen Anträge stellte ich beim Jobcenter, beim Bürgerbüro und bei der Familienkasse. Denn obwohl ich alle diese Stellen angerufen hatte, konnte mir keine von ihnen sagen, wer von ihnen dafür zuständig sein würde, diese Leistungen zu erbringen. Vordrucke für Anträge gab es ebenfalls keine.

Ich erhielt niemals eine Antwort auf meine formlosen Anträge. Im April schließlich kam irgendwie Bewegung in die Sache. Plötzlich berichteten die Zeitungen, die Leistungen könnten nur noch bis Ende des Monats rückwirkend beantragt werden. Ich rief beim Arbeitsamt an. Man teilte mir mit, dass es noch keine Anträge gäbe. Ich wies darauf hin, dass ich einen formlosen eingereicht hätte. Darauf informierte mich die Dame am Telefon darüber, dass sie in ihrem Computer keinen Vermerk diesbezüglich finden könne. Ende der Diskussion.

Ich stellte erneut einen formlosen Antrag, den ich dieses Mal persönlich vorbeibrachte.

Ich kürze diese Geschichte nun mal ein bisschen ab. Am 1. November 2011 kam die Ablehnung mit der Post. Es handelte sich hierbei selbstverständlich nicht um eine Ablehnung irgendeines der bereits erwähnten Anträge. Seit Juli gab es vorgefertigte Vordrucke. Im Juli 2011 habe ich einen solchen ausgefüllt, und im November – sieben Monate nach meinem ersten Antrag – erhielt ich also endlich die Ablehnung. Selbstverständlich war es für eine rückwirkende Auszahlung in diesem Moment schon viel zu spät. Vier Monate waren vonnöten, um meinen einseitigen Antrag – den vorgefertigten – zu prüfen und ihn schließlich abzulehnen.

Eine Begründung enthielt das Schreiben nicht. Bloß die Standardformulierung, dass ich gegen dieses Schreiben innerhalb von vierzehn Tagen widersprechen könne. Was ich tat. Mein Widerspruch wurde als unzulässig abgelehnt. Dieses Urteil erhielt ich im April 2012. Und ein Schreiben, dass man mich aufgrund meines Widerspruchs nun doch zum Bildungspaket zugelassen habe.

Das klingt seltsam, ist aber die ganz normale Politik des Jobcenters.

Mir steht das Geld zu, und ich bekomme es seit April 2012. Hätte das Jobcenter meinen Widerspruch zugelassen, würde mir dieses Geld auch rückwirkend zustehen. Da mein Widerspruch aber zurückgewiesen wurde, bekomme ich nichts rückwirkend.

Das ist paradox. Aber es spart viel Geld. Ich bin jetzt juristisch betrachtet im Recht. Und ich könnte dagegen klagen. Aber nachdem ich nun schon über ein paar Realitäten aus dem Leben Alleinerziehender berichtet habe, wundert es sicher niemanden mehr, dass man auf derlei Kämpfe irgendwann lieber verzichtet.

Mit den Leistungen des Bildungspakets ist es eben wie mit allen staatlichen Leistungen. Die Widerspruchsrechtsbelehrungsfloskel ist schon fast so etwas wie die Aufforderung zum Tanz. Ein ewiger Tanz, eine ständige Übersprungshandlung:
Wenn ich sag Antrag, sagt ihr nein …
- ANTRAG !
NEIN!
- ANTRAG!
NEIN!

Es ist eine Farce. Sinngemäß müsste ich antworten: »Hiermit lege ich Widerspruch ein gegen die Ablehnung meines Antrags auf Leistungen aus dem Bildungspakets wegen JAWOHL!«

Aber das ist nur die eine Seite der Medaille. Obwohl mir Leistungen aus dem Bildungspaket bewilligt werden, frage ich mich, was das Ganze für Alleinerziehende beziehungsweise Kinder aus sozial schwachen Familien wirklich bringt. Die enthaltenen Leistungen wie Gutscheine in Höhe von 10 Euro für Musik- oder Sportkurse pro Monat wurden kaum abgefragt, da die Förderung völlig realitätsfremd und überbürokratisch ist. Durchschnittliche Musikschulkurse kosten um die 30 Euro, das Instrument muss gekauft oder gemietet werden.
Anstatt den Regelsatz für Kinder bedarfsgerecht auszugestalten und damit die Verfügung über die Ausgaben in die Hände der Familien zu legen, machte Frau von der Leyen 2,5 Millionen Kinder, Jugendliche und deren Eltern zu Bittstellern, die

sie für 10 Euro bei Behörden anstehen ließ. Kein Wunder, dass viele sich dieser diskriminierenden und entwürdigenden Gängelung nicht unterziehen und folglich das Geld dafür nicht abfloss. Nur 20 % der Berechtigten haben diese Leistungen überhaupt beantragt und erhalten. Der Rest der Gelder floss in die jeweiligen Haushalte.

Man kann das Bildungspaket auch eine Mogelpackung nennen. Der Paritätische Wohlfahrtsverband zum Beispiel hat dem Bundesministerium für Arbeit und Soziales in Bezug auf das Bildungspaket »Augenwischerei« vorgeworfen. Das Programm sei keine Bildungs-, sondern eine Sparoffensive, womit der Bund versuche, wertvolle staatliche Mittel einzusparen. Nachdem der Druck seitens der OECD und anderer Gremien in Bezug auf die Förderung benachteiligter Kinder größer geworden war, musste man handeln. Nur können 80 % der Betroffenen das komplizierte Antragsverfahren gar nicht bewältigen. Zudem war die Kommunikation der Leistungen so minderwertig, dass viele der Betroffenen nicht einmal davon erfuhren.

Bislang wurden aus dem Sparpaket lediglich Mittagessen und Klassenfahrten mitfinanziert. »Alle anderen Leistungen wie Nachhilfe oder Zuschüsse zur kulturellen und sportlichen Teilhabe wurden von vorneherein falsch angelegt. Entweder sind die Hürden zu hoch oder die Zuschüsse zu gering, als dass die Eltern die Leistungen überhaupt in Anspruch nehmen könnten. Selbst für das von Frau von der Leyen eingerichtete Beratungstelefon zum Bildungspaket werden happige Gebühren genommen, die eindeutig abschrecken«, kritisierte Ulrich Schneider, Geschäftsführer des Paritätischen Wohlfahrtsverbandes.

Anstatt den internationalen Forderungen nach einer umfassenden Bildungsreform Rechnung zu tragen, hat man hier nur ein billiges Reförmchen gewagt. Schätzungen ergaben, dass sich der deutsche Staat dadurch Ausgaben von etwa einer halben Milliarde Euro gespart hat. »Das Bildungspaket entpuppt sich als Sparpaket. Das ist keine Bildungsoffensive für arme Kinder, sondern ganz offensichtlich die für die Bundesregierung kostengünstigste Form, das Bundesverfassungsgerichtsurteil vom Februar 2009 umzusetzen«, so Schneider.

Der Staat lädt uns also wieder einmal zu einem langen Tanz, dessen Finale wohl am Obersten Gerichtshof stattfinden wird. Wir werden lange tanzen müssen. Aber wer nicht mittanzt, der ist ein Spielverderber!

# 23.
## HELPLESS

Und was ist mit den Kindern der Alleinerziehenden? Eine Freundin hat mir von einer ihrer Erfahrungen berichtet. Als Anna zwanzig Jahre alt war, hatte sie ein sehr aufwühlendes Erlebnis. Sie saß bei einem Freund, man trank und redete, während im Hintergrund leise Musik lief. Es war ein schöner Abend, Anna fühlte sich sehr wohl. Sie ist ein fröhlicher, lauter Mensch, und so war sie auch an diesem Abend. Sie lachte, sie witzelte, sie amüsierte sich. Andreas legte eine Neil-Young-Platte auf, und Anna begann plötzlich, bitterlich zu weinen. Sie brach regelrecht zusammen, und Andreas musste sie trösten. Er verstand nicht recht das Problem, und Anna verstand es selbst nicht.

Es war der Song *Helpless,* der sie zum Verschütten eines Tränenmeeres bewegte.

Anna ließ alles los und heulte wie ein Baby. Es dauerte eine Weile, bis sie begriff, was da vor sich ging. Es fiel ihr wieder ein, dass ihre Mutter früher ein großer Neil-Young-Fan gewesen war und dass sie im Auto immer seine Musik gehört hatte. Dieser Song war so tief in Anna verwurzelt, und obwohl sie dieses Lied längst vergessen hatte, erwachten nun die Bilder ihrer Kindheit. Ihre Mutter war alleinerziehend gewesen. Der Vater hatte immer Besseres mit besseren Frauen zu tun, weshalb er die Familie im Stich gelassen hatte.

Durch das kleine Lied bemerkte Anna mit einem Schlag, wie schlecht es ihrer Mutter damals gegangen sein musste. Nun, mit zwanzig, verstand sie den Text des Liedes. Sie konnte das Lebensgefühl der Mutter nachempfinden.

Helpless, helpless, helpless.

Allerdings muss Anna auch schon als Kind die Traurigkeit ihrer Mutter gespürt haben. Ihr Weinen war ganz unvermittelt gleich zu Beginn des Liedes ausgebrochen. Die Traurigkeit einer ganzen Kindheit schien sich darin zu offenbaren. Tiefe, tiefe Verletzungen, verschüttet und überlagert von zahlreichen anderen Erfahrungen. Anna bekam Mitleid mit ihrer Mutter und mit sich selbst.

Auch ich habe mich so oft hilflos gefühlt. Nicht erst seit Annas Weinkrampf frage ich mich: Was tue ich meinem Kind an mit dieser Haltung? Wird meine Tochter auch im Alter von zwanzig Jahren zusammenbrechen und begreifen, dass ihre Kindheit nicht vollkommen war?

Sicher, keine Kindheit ist perfekt. Aber es erscheint mir so ungerecht, dass eine Kindheit von so viel unbewusster Traurigkeit begleitet wird. Wir müssen das ändern!

Eltern müssen glücklich sein, damit ihre Kinder es auch sein können. Das Höchste, was wir Menschen auf dieser Welt erwarten können, ist das Glück. Am Ende unseres Lebens ist nichts so entscheidend wie die Frage: Habe ich mein Leben genossen? Heutzutage wird diese Weisheit manchmal unter den Teppich gekehrt. Wir konzentrieren uns auf Leistung und Erfolg. Wir wollen Geld verdienen und uns selbst übertreffen. Dabei verlieren wir den Genuss und die Lebensfreude aus den Augen.

Ein sehr guter Leitfaden für ein gutes Leben sind die Dinge, die andere Menschen im Sterben betreut haben. Die Palliativpflegerin Bronnie Ware hat aus ihrer Arbeit mit Sterbenden eine Top-5-Liste erstellt mit den häufigsten Dingen, die Menschen auf dem Sterbebett bereuen:

1. Ich wünschte, ich hätte den Mut gehabt, ein Leben zu leben, bei dem ich mir treu gewesen wäre. Hätte ich doch nur nicht das Leben geführt, das andere von mir erwartet haben.
2. Ich wünschte, ich hätte nicht so hart gearbeitet (wurde von jedem männlichen Patienten geäußert!).
3. Ich wünschte, dass ich den Mut gehabt hätte, meine Gefühle auszudrücken.
4. Ich wünschte, ich hätte den Kontakt zu meinen Freunden gehalten.
5. Hätte ich mich selbst doch nur glücklicher sein lassen.

Daraus sollten wir dringend lernen. Dinge, die uns im Alltag furchtbar wichtig erscheinen, verlieren am Ende komplett ihren Wert, und das Einzige, was dann noch zählt, ist die Frage: »Hatte ich ein glückliches Leben?«
Darum plädiere ich für mehr Lebensfreude. Helfen wir einander, Zufriedenheit zu erlangen! Vor allem unseren Kindern!
Für das Glück der Kinder sind wir alle verantwortlich. Nicht nur die Eltern. Es geht hier um mehr als um einzelne Kinderleben, es geht um die Gestaltung der Zukunft einer Gesellschaft. Und was Glück ist – echtes Glück –, das begreift man erst ab einer gewissen Reife. Wir müssen unseren Kindern also etwas vermitteln, das sie gar nicht verstehen werden. Damit sie nicht im Alter von zwanzig Jahren über Erinnerungen an ihre Kindheit weinend zusammenbrechen.
Lassen wir niemanden hilflos sein! Helfen wir!

Die Psychologen E. Mark Cummings und Patrick T. Davies haben 1994 in Experimenten herausgefunden, was viele Verhaltens- und Entwicklungsforscher seitdem immer wieder bestätigt haben: Kinder, deren Eltern unter Depressionen leiden, neigen stark zu Verhaltensauffälligkeiten und Entwicklungsstörungen. Ebenso Kinder, deren Eltern eine schlechte Paarbeziehung führen. Forscher konnten nachweisen, dass zwischen dem Glück der Eltern und der Entwicklung der Kinder ein direkter Zusammenhang besteht.

Darum ist es wichtig, dass Eltern glücklich sind. Für unsere gesamte Gesellschaft ist es von Interesse, ob wir eine Schar verhaltensgestörter Menschen heranziehen oder glückliche, gesunde Kinder mit Selbstbewusstsein und Verstand. Die Erziehung unserer Kinder geht uns alle an, und darum müssen wir dabei helfen, dass die Eltern glücklich sind. Es ist wie bei einem Flugzeugabsturz. Ein Erwachsener muss sich zunächst selbst die Sauerstoffmaske aufsetzen, um ein Kind zu retten. Er darf nicht ersticken, während er einem Kind das Leben rettet. Damit wäre niemandem geholfen.

# 24.
## DIE ZUKUNFT MIT KIND

Das Wort »Familie« stammt ab von dem lateinischen Wort »familia«. »Familia« bedeutet so viel wie Hausgemeinschaft und wurde abgeleitet von dem Wort »famulus«, auf Deutsch Sklave. Somit gehörte zu der Familie damals jeder, der im Haus lebte, und es ging eher um Besitzverhältnisse als um das, was wir heute unter dem Wort verstehen. Das, worunter wir heute eine Gemeinschaft von Verwandten verstehen, die für Sozialisierung und Wohlergehen ihrer Bezugsgruppe sorgen, war in seinem Ursprung nichts anderes als der Besitztum eines Mannes. Die Frau und Kinder sowie die Sklaven waren dem Mann unterstellt.

In den vorindustriellen Gesellschaften schließlich wandelte sich dieser Begriff, und die Menschen lebten in Großfamilien. Diese umfassten mehrere Generationen und Verwandtschaftsgrade; man lebte mit Groß- und Urgroßeltern, Eltern, Kindern und Enkeln, Onkeln und Tanten in einem Haus, und alle Versorgungsmittel wurden in dieser Bezugsgruppe aufgeteilt. In der Regel gab es ein Familienunternehmen, für das jeder der Beteiligten seine Arbeitskraft zur Verfügung stellte. Der Großvater erbte den Betrieb des Urgroßvaters, gab ihn weiter an seinen ältesten Sohn, der wiederum an seinen ältesten Sohn weitervererbte. Der Besitz einer Familie blieb so über Jahrzehnte oder gar Jahrhunderte in ihren Kreisen. Die Herren der Schöpfung führten, die Frauen und Kinder arbeiteten für den Vater.

Auf dem Weg von der feudalen zur bürgerlichen Gesellschaft schließlich gab es einige Transformationen in puncto Frauenrolle und Besitz. Die Auslagerung der Erwerbstätigkeit aus dem Familienverband führte zu einer »Privatisierung« der Familie.

Ebenfalls wandelten sich allmählich die Geschlechterrollen, und so mussten die Beziehungen zwischen den Mitgliedern einer Familie neu definiert werden. Fortan stieg die Bedeutung der emotionalen Entwicklung der Familienmitglieder, was uns allmählich zu dem führte, was wir heute unter dem Wort »Familie« verstehen.

Heute sehen wir die Familie als einen Zusammenschluss von Menschen, die in emotionaler Abhängigkeit zueinander stehen. Man bekommt nicht mehr Kinder, um den Familienbetrieb zu erhalten, sondern aus emotionalen Gründen. Wir verbinden heute in der Regel Liebe mit dem Entstehen einer Familie. Das Wort zeigt einen Verband von Personen an, der aus der Liebe zweier Personen entstanden ist. Somit ist das Gefüge, das diese Menschen zusammenhält, ein emotionales. In Bezug auf die Kinder wird der Familie die sogenannte primäre Sozialisierung zugeschrieben, während das soziale Umfeld, der Kindergarten oder die Schule ebenfalls Einfluss auf die Entwicklung eines Menschen nehmen.

Familie war nie ein feststehender Begriff; auch heute befindet sich der Familienbegriff in einem stetigen Wandel. Die bürgerliche Familienvorstellung scheint langsam ausgedient zu haben.

Heute bekommen in den westlichen Industriestaaten immer weniger Menschen überhaupt Kinder. In Hamburg lebten 2010 nur noch in 25 % aller Haushalte Kinder, in München waren es sogar nur noch 15 %. Es ist heute lange nicht mehr so zwangsläufig wie früher, dass zur Entwicklung eines Menschen die Gründung einer Familie gehört.

Es gibt heute mehr Singles als je zuvor, viele leben in lockeren Zusammenschlüssen, zum Beispiel in WGs. Phänomene wie Landflucht und Stellenknappheit bringen die ursprüngliche Form der Familie zum Verschwinden. Familienmitglieder sind heute über mehrere Städte verteilt, und was früher die Regel war, nämlich, dass man sein Leben lang in der Nähe der Familie und damit in deren Einfluss blieb, ist heute lange nicht mehr der Fall. Es ist ein Fehler, weiterhin vom bürgerlichen Familienmodell auszugehen, während man von seiner Gesellschaft Flexibilität und Mobilität erwartet. Beides zusammen kann nicht funktionieren.

2006 erfasste die Statistik 2,6 Millionen deutsche Patchworkfamilien, also Familien, die sich aus einem neuen Paar mit oder ohne Kinder zusammensetzen, bei dem mindestens einer der Partner ein Kind aus einer anderen Beziehung mit in den Verbund bringt. 2007 teilten sich die Familien wie folgt auf: 73,8 % klassische Familien (Rückgangquote seit 1996: 9,3 %); 7,9 % in anderen Familienmodellen (eine Steigerung von 39,2 % seit 1996); und 25,7 % waren Alleinerziehende (32,6 % Steigerung seit 1996).

2011 waren von allen Haushalten mit Kindern nur noch 71,2 % Ehepaare, 9,2 % lebten in alternativen Lebensgemeinschaften, und 19,7 % waren Alleinerziehende.

Diese Zahlen sprechen Bände. In den neuen Bundesländern ist die Entwicklung übrigens noch um einiges drastischer. Dort ging der Anteil derjenigen, die im klassischen Familienmodell leben, in zehn Jahren um über 20 % zurück, während die Zahl der Einelternfamilien im gleichen Zeitraum um 45 % anstieg.

Die Entwicklung ist eindeutig: Die Zahl der Einelternfamilien und der alternativen Familienmodelle steigt rasant an, während die Zahl der Eheschließungen von Jahr zu Jahr sinkt. Praktisches Beispiel: In der Klasse meiner Tochter gibt es 21 Kinder, von denen acht Kinder aus einer klassischen Familie mit verheirateten Eltern stammen. Die Mehrzahl der Kinder, die ich persönlich kenne, wächst anders auf, als wir das jahrzehntelang gewohnt waren.

Dieser Umstand scheint aber bei der Bundesregierung nicht bekannt zu sein. Sie fördert weiterhin die klassische Familie und verliert somit einen großen Teil der anderen Lebensformen aus den Augen. Allein die Tatsache, dass heterosexuelle Paare Steuereinsparungen haben, die ein homosexuelles Paar niemals erreichen kann, ist ein großes Merkmal der Ungleichheit in unserem Land.

Eheleute zahlen weniger Steuern als Alleinerziehende mit vergleichbarem Einkommen, sie können zusätzlich vom Ehegattensplitting profitieren und zukünftig vom Betreuungsgeld. Der klassischen Familie greift der Staat weiterhin unter die Arme, und dabei klammert er leider alle anderen Lebenskonzepte aus.

Im aktuellsten Familienreport, erschienen im Januar 2013, tut er dies sogar ganz bewusst. Statistiken zu diesen Familien werden erst gar nicht erhoben. Es ist der folgende Satz zu lesen: »Stief- und Patchworkfamilien werden in der amtlichen Statistik nur unzureichend erfasst. Laut sozialwissenschaftlicher Literatur sind etwa zwischen zehn und 14 % aller Familien Stieffamilien. Dieser Anteil ist in den neuen Ländern mit 15 % etwas höher als in den alten Bundesländern mit 10 %. Etwa 10,9 % der Kinder unter 18 Jahren leben in Stieffamilien.«

An anderer Stelle kann man lesen: »Verheiratete Paare mit gemeinsamen Kindern stellen nach wie vor die häufigste Familienform in Deutschland dar.«

Und genau diesen Punkt hat Ministerin Schröder bei der Pressearbeit in den Fokus gestellt. Fast ohne Ausnahmen titelten die Zeitungen, die traditionelle Familie läge noch immer voll im Trend und sei führende Familienform in diesem Land. Dabei wird vom Ministerium ganz bewusst ausgeklammert, dass man schon im letztjährigen Familienreport nachlesen konnte, dass die Zahl traditioneller Ehen stetig sinkt, während die Gruppe der Patchwork- und Stieffamilien wächst.

Ich fühle mich vom Familienministerium extrem benachteiligt, und ich kann mir nur vorstellen, wie sich dieselben Tatsachen für jemanden anfühlen, der mit seinem Partner oder mit seiner Partnerin in einer homosexuellen Paarbeziehung zusammenlebt. Diesen Menschen sind nur aufgrund ihrer Sexualität staatliche Förderungen versagt, die eigentlich dem ganzen Volk zugänglich sein sollten. Das fällt unter Diskriminierung.

Unsere Regierung muss endlich die Realität der Familienentwicklung anerkennen und für mehr Gleichheit unter Eltern sorgen. Der Begriff »Familie« muss endlich an die Realität angepasst, das Ehegattensplitting muss abgeschafft und ein steuerlicher Ausgleich für Alleinerziehende geschaffen werden. Das Betreuungsgeld, das im Wesentlichen der klassischen Familie zugutekommt und eine Berufstätigkeit ausschließt, muss wieder abgeschafft werden.

Unsere Regierung darf Alleinerziehende nicht länger diskriminieren. Studien zeigen, dass alleinerziehende Mütter für mindestens fünf Jahre keine Chance auf eine neue Beziehung und somit keinerlei Anrecht auf staatliche Förderungen dieser Art haben.

Die nationale Armutskonferenz im Februar 2012 hat befunden, dass das Wort »alleinerziehend« diskriminierend ist. Die Begründung lautet, dass es »nichts über mangelnde soziale Einbettung oder gar Erziehungsqualität« aussage. Beides werde jedoch häufig mit »alleinerziehend« assoziiert.

Ich finde das erstaunlich und mindestens ebenso wirkungslos wie die ungerecht verteilten Ausgaben der Familienpolitik. Das Wort »alleinerziehend« gefällt mir gut. Es beschreibt genau das, was es ist. Jemand ist ganz alleine und mit allen Verantwortlichkeiten mit der Kindeserziehung betraut. Daran ist nichts Verächtliches. Dass man damit Bildungsferne assoziiert, liegt nicht an der Bezeichnung, sondern ist einer Politik geschuldet, die diesen Personenkreis verarmen lässt.

Sollte man sich tatsächlich zu einer Umbenennung durchringen, so möchte ich im Namen Nietzsches den folgenden Titel vorschlagen: Übervater oder Übermutter.

Denn wie der Übermensch muss ein Überelternteil ein Mehr an Belastung und Demut auf sich nehmen und ein ebensolches Mehr an Stärke und Willenskraft. Das Wort bietet sich auch zur internationalen Verwendung an.

# 25.
# MILF – DIE MUTTER
# ALS SPIELZEUG

Ein ganz anderes Gebiet, auf dem wir Alleinerziehenden es wirklich nicht eben leicht haben, ist der sogenannte Singlemarkt. Frauen mit Kindern stehen nicht sehr hoch im Kurs, und es gibt ja auch kaum Gelegenheiten, Männer kennenzulernen. Schließlich ist unser Alltag so vollgestopft mit Dingen, dass wir links und rechts davon nur wenig mitbekommen.

2001 wurde im Auftrag des BMAS eine Studie durchgeführt mit dem Titel »Alleinerziehen – Vielfalt und Dynamik einer Lebensform«, deren Inhalt viel weniger Vielfalt als tatsächlich sehr viel mehr hässliche Eigendynamik zum Thema hat.

Knapp zwei Drittel der Alleinerziehenden geben an, ohne Partner zu sein. Mit 58 % ist die Mehrheit dieser Menschen seit über fünf Jahren Single. Neue Partnerschaften, die in einem Rahmen von zwei Jahren nach der Trennung vom Kindsvater entstehen, enden in der Regel schon nach kurzer Zeit. Die Wahrscheinlichkeit einer neuen gelingenden Partnerschaft steigt erst nach mehreren Jahren wieder an. Ausgenommen sind Frauen über vierzig, denen es in der Regel gar nicht mehr gelingt, einen neuen Partner zu finden.

Auch in meinem Umfeld gibt es nur sehr wenige Alleinerziehende, die einen festen Partner haben. Ich war nach der Trennung von Papa Stein statistikkonform etwas mehr als fünf

Jahre Single. Hin und wieder gab es den ein oder anderen Versuch, aber alle scheiterten. Heute lebe ich in einer glücklichen Partnerschaft.

Die meisten neuen Partnerschaften, die ich in meinem eigenen Leben beobachten konnte, scheiterten schnell an den vielen kleinen Zerreißproben, die der Alltag mit sich bringt. Die Kinder konkurrieren mit den neuen Partnern, und auch denen fällt es oft schwer, auf diese Machtkämpfe nicht einzugehen. Die unterschiedlichen Lebenskonzepte sorgen für allerlei Kollisionskurse, und oft ist es der andere Elternteil, der mit der neuen Situation nicht klarkommt und überall Ansprüche anmeldet. Selbstverständlich gibt es auch andere Beispiele. Aber das Alleinerziehen ist in der Regel tatsächlich eine sehr einsame Tätigkeit, bei der man die Abende zu Hause mit sich selbst verbringt.

Und als ob das nicht schon schwer genug wäre, gibt es da auch noch einen besonderen Kult, der die Position alleinerziehender Frauen ausnutzt. Ich habe auf einem Datingportal nach einem Mann gesucht, der sich traut, mit mir über dieses Phänomen zu sprechen. Ein Mensch, der offenbar geltungsbedürftig genug dazu war, meldete sich auf meine Anzeige, und wir trafen uns bald darauf zu einem Gespräch.

Wir saßen an meinem Küchentisch, jeder einen köstlichen Cappuccino vor sich, es ging direkt zur Sache. Ich sei eine MILF, sagte Stefan.

Ich denke zwar nicht, dass ich dieses Wort noch für irgendjemanden übersetzen muss, aber der Vollständigkeit halber: MILF steht für »Mother I'd Like to Fuck«.

Stefan sagte, dass er nur Singlemütter date, und sah mich dann herausfordernd an.

»Punkt eins, Mütter sind dankbarer.«

Stefan klapperte das Thema tatsächlich in durchnumerierten Punkten ab. Geradezu so, als habe er diese Punkte auswendig gelernt. Wie die zehn Gebote oder die goldenen Baderegeln.

»Eine Mutter ist in der Regel verzweifelter. Ausgehungerter!«, erklärte Stefan und berichtete davon, dass verzweifelte Frauen sich beim Sex viel tiefer fallen ließen und durchschnittlich mehr Orgasmen hätten. Er behandelte das Thema tatsächlich wie eine Studie. »Mütter haben viel weniger Chancen auf Sex als andere Frauen, die nach Belieben das Haus verlassen und Männer kennenlernen können. Dadurch, dass die Mütter an dieser Stelle so übervorteilt sind, sind sie dankbarer für sexuelle Zuwendungen und dafür viel empfänglicher. Sie fallen im Bett über einen her wie ausgehungerte Wildkatzen. Sie sind richtige Huren. Und das Beste: Am nächsten Morgen bereiten sie einem immer liebevoll ein Frühstück.«

»Punkt zwei, Mütter wissen besser Bescheid über ihre Muskeln da unten. Warst du in einem Geburtsvorbereitungskurs?«, wollte Stefan wissen, und meine positive Antwort zauberte erneut dieses schmierige Grinsen in sein Gesicht. Stefan schien wirklich einen ausgewachsenen Fetisch zu haben. »In der Geburtsvorbereitung machen Frauen so Übungen für ihre Beckenmuskulatur, und sie lernen, wie man Dinge aus sich herauspresst.« Wieder dieses vielsagende Grinsen.

Langsam begann der Typ mich anzuwidern. Wie man Dinge aus sich herauspresst.

»Muttis wissen einfach besser über ihren Körper Bescheid.« Ich horchte in meinen Körper hinein. Er sagte: »Tritt dem Typen sofort die Lichter aus!«, aber ich beschloss, ihm weiter zuzuhören.

»Drittens: Im Leben einer Mutter bist du immer der Missing Link!« Jetzt sprach Stefan auf einmal von Familienmodellen. Er sagte, eine Familie bestünde in der Regel – oder in der Vorstellung, korrigierte er sich – aus Mann, Frau und Kind. Fehle einer der Bestandteile, würde dessen Fehlen von allen Beteiligten immer als weißer Fleck empfunden. Die Stelle für den Mann wird nicht ausradiert, sondern frei gehalten. Es sei ein bisschen wie das Zimmer bei den Eltern, das sie nach deinem Auszug unverändert lassen. Wenn man also auf eine Mutter trifft, habe man immer ein gemachtes Nest. »Es ist, als wäre da am Esstisch ein Stuhl mit deinem Namen drauf. Du brauchst dich einfach nur reinsetzen, und jeder ist dir dankbar. Die Kinder und die Muttis.«

»Und das machst du?«, hakte ich entsetzt nach. »Du setzt dich einfach so auf diesen Stuhl und lässt dich verwöhnen?«

»So ist es!«, antwortete er stolz. »Ich setz mich, und Mama macht mir Kaffee, Mittagessen und das Ganze. Welche Frau ohne Kind kocht einem ein Mittagessen? Ich kenne keine! Wir Kinderlosen machen so was gar nicht. Wir kochen nicht.«

»Punkt vier: Mütter sind nachts immer zu Hause.« Es sei so verdammt praktisch, meinte Stefan. »Mütter müssen nachts immer zu Hause sein und die Kinder hüten. Für mich bedeutet das, wenn ich durch die Clubs ziehe und keinen Erfolg bei den Frauen habe, kann ich am Ende der Nacht einfach bei irgendeiner Mutti klingeln. Die ist auf jeden Fall da und wird mir sogar noch dankbar sein.«

»Punkt fünf: It's magic!« Den letzten Punkt könne er jetzt auch nicht so richtig erklären. Die Geburt und die Erziehung von Kindern würde eine Frau jedenfalls aber auf wundersame Weise verändern. »Ich weiß auch nicht. Die sind irgendwie … ich weiß es auch nicht, aber die strahlen was anderes aus. So Mütterlichkeit halt.«

Nachdem Stefan alle Punkte durchgegangen war, saßen wir uns schweigend gegenüber. Stefan träumte vermutlich gerade davon, mir das Kleid vom Leib zu reißen, während ich an all die Männer dachte, die offenbar Ähnliches mit mir getrieben haben. Einige Dates aus meiner Vergangenheit erschienen plötzlich in einem ganz anderen Licht.

»Ist das so gang und gäbe?«, wollte ich wissen, und Stefan lachte. Na, eine Ausnahme sei er jedenfalls nicht. Die meisten seiner Freunde würden diese Vorliebe teilen.

»Und du schläfst dann also ausschließlich mit Müttern?«

»Das nicht«, entgegnete er. »Ich will ja irgendwann auch mal eine richtige Beziehung haben. Darum treffe ich mich auch mit kinderlosen Frauen.« Für eine Beziehung käme eine Mutter nicht in Frage, fand er. Er wolle sich nicht um die Kinder anderer Männer kümmern, und eine Beziehung aufzubauen würde mehr Zeit erfordern, als eine Alleinerziehende zur Verfügung stellen könne, und – nun ja – sie seien ja auch meistens im Beruf weniger erfolgreich. Und Stefan wünsche sich eine erfolgreiche Frau.

Stefans Vorgehen ist diskriminierend. Er nutzt alleinumsorgende Mütter zu seinem Vergnügen. Allein ist er damit nicht. Ich habe den Begriff MILF soeben bei Google eingegeben, und allein in den letzten 24 Stunden gab es zu diesem Begriff ungefähr 161 000 Ergebnisse. Das Phänomen ist also keine Ausnahmeerscheinung. Sicher sind viele dieser Treffer auch Scherze oder Pinnwandeinträge Pubertierender bei Facebook, aber bestimmt sind dann immer noch etwa 100 000 Treffer knallharter Porno, die mit dem Mutterfetisch spielen. Und was als eine Idee der Pornoindustrie begann, hat im realen Leben viele Anhänger gefunden. Wie man am Beispiel von Stefan sehen kann, inspirieren derlei Filme einige Zuschauer offenbar zu neuen Datingkonzepten. Und dann wären da noch die Pick-up-Artists. Eine in den USA gegründete Bewegung, die ein Punktesystem vergibt für die Kunstfertigkeit eines Mannes beim Anbaggern einer Frau und die Anzahl derer, die er damit in sein Bett bekommen kann. Das deutsche Pick-up-Forum hat fast 95 000 Mitglieder.

Für alleinerziehende Mütter ist es nicht leicht, einen neuen Partner zu finden. Sie können weniger ausgehen und finden schwerlich einen Partner, der überhaupt bereit ist, sich mit einer Frau einzulassen, die Kinder hat. Als ich zum Beispiel einmal einem Werber einen Korb gab, erntete ich dafür bitterböse Worte. Er geiferte: »Du bist eine Mutter! Und ich habe mich trotzdem für dich interessiert. Du lehnst mich ab? Was glaubst du denn, wie viele Chancen du noch so hast?« Andere entschuldigten sich nach ein paar Treffen bei mir, dass sie sich das Zusammenleben mit einer Mutter einfach nicht vorstellen könnten.

So ist das also: Alleinerziehende Mütter können glücklich sein, überhaupt irgendwas abzubekommen, und sind dann unendlich dankbar. Der Sex mit ihnen macht mehr Spaß, und sie sind fürsorglich und unabhängig. So kann am Ende jeder von ihnen profitieren: ihre Kinder, der Staat und zum Glück auch Männer. Und was für Männer! Echte MILFS – Men I'd like to flap.

# 26.
# FAMILIE IST, WENN MAN SICH
# VERLASSEN KANN

Leider kennt inzwischen jeder – wenigstens vom Hörensagen – eine Geschichte, in dem die Wörter »Aufenthaltsbestimmungsrecht« oder »Sorgerecht« auftauchen. Und einige Aspekte dieser Dramen stimmen immer überein. Zum Beispiel die totale Isolation.

So schien es zum Beispiel während der gesamten Zeit meines Gerichtsstreits absolute Selbstverständlichkeit zu sein, dass kein Mitglied meiner Familie sich auf meine Seite schlug. Ich habe drei Geschwister, zwei Stiefgeschwister, zwei Tanten, einen Vater mit neuer Frau, eine Großmutter, eine Cousine und einen Cousin. Diese Menschen standen nun entweder auf der Klägerseite vor Gericht oder hielten sich raus aus dem Schlamassel.

Das war erstaunlich. Und ich kenne zahlreiche andere Geschichten, in denen es ähnlich lief. Treibt erst einmal jemand einen Keil durch dieses fragile Konstrukt, das wir als Familie bezeichnen, erlebt man den wahren Wert dieses fahlen Wortes. Ich erhalte immer wieder E-Mails von Müttern oder Vätern, die sich hilfesuchend an mich wenden in irgendeinem Sorgerechtsstreit. Väter berichten davon, wie ein neuer Partner in ihr oder das Leben des anderen Elternteils tritt und wie die Mütter dann plötzlich um das alleinige Sorgerecht kämpfen; Frauen schreiben über ihre Ex-Partner, denen sie den Umgang verbieten wollen oder die ihnen den Umgang mit dem gemeinsamen Kind verbieten wollen. Allüberall herrscht Streit über den Aufenthaltsort der gemeinsamen Kinder, die neuen Partner und die Verletzung der elterlichen Verantwortung. Meine eigenen Eltern reden seit über zwanzig Jahren kein Wort miteinander und haben sich immer um unsere Weihnachtsfeste gestritten.

Ein Freund von mir, der seinen zwölfjährigen Sohn allein großzieht, muss sich immer wieder gegen die Mutter des Jungen wehren, die ihm zwar nicht das Sorgerecht, wohl aber doch das Aufenthaltsbestimmungsrecht entziehen lassen möchte. Und das nicht einmal, weil sie möchte, dass der Junge bei ihr wohnt. Es geht ihr lediglich darum, als Einzige über die Besuchszeiten verfügen zu dürfen.

Und in allen diesen Geschichten erzählen mir die Menschen auch, dass die Unterstützung durch ihre Familie plötzlich komplett versagt. Niemand möchte sich einmischen, keiner will Position beziehen in einem solchen Krieg, jeder verhält sich seltsam opportun.


Wir alle gehen ganz selbstverständlich davon aus, dass es von Bedeutung ist, wo wir herkommen. Das Wort »Familie« übersetzen wir spontan mit Zusammenhalt und Zusammengehörigkeit, wir sprechen von einem Stammbaum. Etwas, das hart, beständig, groß und fest ist. Alt und weise.

Die Wahrheit ist: Wenn es stürmt, brechen die Äste ab und lassen sich unschuldig zu Boden fallen. Was bleibt, ist ein hässlicher kahler Stamm, zu dem jeder sich dann wieder zugehörig fühlen soll. Teil des Ganzen, Teil des Stamms.

Wörter sind nichts als Illusionen. Das Wort »Familie« bildet da wahrhaft keine Ausnahme.

Worauf wir uns so selbstverständlich verlassen, ist gar nicht existent.

Wir pflegen Traditionen wie Weihnachten und Geburtstage mit diesen Menschen, aber das bedeutet lange noch nicht, dass man sich auf diese Menschen verlassen könnte. Und wie kommt es, dass alle Erzählungen über Weihnachten immer mit dem Klischee spielen, dass unterm Christbaum alle streiten? Wie viele Witze gibt es über die leidigen Telefonate mit der Mutter oder Schwiegermutter?

Ich bin wahrhaft nicht verbittert über diese Tatsache. Aus mir spricht keine Verzweiflung und keinerlei Selbstmitleid; aus mir spricht ein riesiges Vertrauen. Was mich all diese traurigen Erfahrungen gelehrt haben, ist, mir selbst zu vertrauen. Das bedeutet nicht, dass ich mit herabgezogenen Mundwinkeln durch die Gegend eiere und skandiere: »Die Menschen sind schlecht! Traue nur dir selbst!« Es bedeutet, dass mein Vertrauen ein weitaus höheres Gut geworden ist, als es zuvor war. Wem ich vertraue, dem mache ich das größte Geschenk, das ich zu geben imstande bin.
Und dass ich gelernt habe, mir selbst zu vertrauen, heißt, dass ich besser auf meine Gefühle höre. Gesellschaftliche Verpflichtungen, die mein Bauch mir verbietet, lasse ich nicht mehr über mich ergehen. Ich muss niemandem mehr etwas beweisen. Meiner Mutter nicht, dass ich irgendetwas kann; meinem Vater nicht, wie vernünftig ich inzwischen bin; und niemandem mehr gar nichts überhaupt nie.

Das Gute am Leid ist, dass wir daraus immer etwas über das Glück lernen. Und sei es bloß seine Wertschätzung. Dennoch könnten wir uns wohl einiges an Leid ersparen, wenn wir damit aufhören würden, die Dinge bei ihrem Namen zu nennen. Nennen wir die Dinge doch zur Ausnahme mal bei ihren Dingen!

Sprechen wir – verdammt noch einmal – über unsere Ängste, und tun wir nicht länger so abartig cool! Was mir das deutsche Fernsehen, Familienmagazine und Frauenzeitschriften als Familie verkaufen wollen, kastriert meine Seele. Von der Werbung ganz zu schweigen.

Nach wie vor glitzert die Spielzeugwelt der Mädchen pink, und ihre Bandbreite erstreckt sich hauptsächlich über Babys, Schlankheitswahnpuppen oder Küchengeräte, während die Spielzeugwelt der Jungs in den originalen Farben der nachgebildeten Gegenstände aufwartet und von Actionhelden über echte Werkzeuge und falsche Waffen bis hin zu Computern reicht. Für Mädchen gibt es zwar auch Computer, diese sind aber ausnahmslos pink und mit vermeintlichen Mädchenmotiven wie Ponys, Feen oder Herzen versehen. In der Werbung präsentieren mir Frauen, wie weiß sie ihre Wäsche waschen, wie gut sie ihre Kinder füttern und wie sie die ganze Familie (in der Werbung bestehend aus Mutter, Vater, Sohn und Tochter) in Glückseligkeit versorgen. Für männliche Produkte sind die werbenden Frauen nackt, und während den Mann zu Hause die glückliche Familie erwartet, die von Mutter reingewaschen wurde, erwarten ihn in seinen eigenen Werbespots, die in Büros, auf Bergen, in Autos oder auf Sportplätzen stattfinden, nackte Frauen, Statussymbole und das Versprechen unendlicher Stärke.

Wir werden regelrecht in unseren Rollenklischees verhaftet. Unsere Kultur hat noch immer nicht damit aufgehört, uns zu suggerieren, dass Frauen den Haushalt und die Kinderpflege zu erledigen haben, während Männern die weite Welt offensteht. Dieses Bild wird gestützt durch unsere Politik und die Medien. Frauenzeitschriften handeln von der Babypflege, dem Kochen und Putzen oder der Frage, wie man sich für die Männerwelt schön macht, während Männermagazine nackte

Frauen abbilden oder die Arbeitswelt, Sport und Motor behandeln. Diese Bilder machen Frauen klein und geben uns das Gefühl, vielleicht zu viel zu verlangen, wenn wir mehr Gleichheit fordern. Immer wieder werden wir auf diese Bilder reduziert, indem wir andere kaum zu sehen bekommen.

Aber wir verlangen gar nicht zu viel. Wir Alleinerziehenden wollen endlich Anerkennung für unsere Arbeit, und wir wollen mehr Geld und uns verwirklichen. Wir wollen weder auf den Haushalt noch auf unsere Kinder oder unser Äußeres reduziert werden. Und die alleinerziehenden Männer unter uns wollen nicht länger kämpfen müssen, dass sie als Männer ernst genommen werden, obwohl sie sich diesen angeblich »weiblichen« Aufgabenfeldern widmen. Lassen wir uns nicht länger knebeln. Trauen wir uns, darüber zu reden! Wir sind gar nicht so allein, wie es sich immerzu anfühlt. Wir sind 1,7 Millionen.

Wir sind nicht alle bildungsfern, und wir sind auch nicht selbst schuld. Wir sollten uns nicht beschämt verstecken, sondern aufstehen und uns zur Wehr setzen. Denn wir sind viele. Schluss mit den Schuldgefühlen!

Asoziale Nimbys verhindern die Da
von bezahlbaren Wohnraum
für alleinerziehende Mütter
an den Frankfurter Günthersburghöfe

# 27.
# BETRIEBSAUSFLUG

Wir werden permanent diskriminiert. Während unsere Kultur uns klein hält mit den falschen Bildern von Familie, die wir einfach nicht erfüllen können, gibt uns auch der Status der Hilfsbedürftigkeit allerlei Anlass zu miesen Gefühlen.

Was man neben all den schlechten Gefühlen der Armut als Arbeitslosengeldempfänger noch so alles erlebt, ist eine unendliche Erniedrigung. Ich möchte sicherlich nicht in einem deutschen Jobcenter arbeiten, und ich stelle mir diese Tätigkeit emotional äußerst anspruchsvoll vor. Gewissermaßen ist die Behandlung der sogenannten »Kunden« durch das Jobcenter zwangsläufiges Ergebnis unserer Politik.

Damit man einen kleinen Eindruck davon erhält, wie sehr man durch den Status des Hartz-IV-Empfängers herabgesetzt wird, will ich einen meiner Besuche dort exemplarisch schildern.

Der Ausflug beginnt in einer langen und gefährlichen Schlange. Die Schlange hat lauter ausgemergelte Menschen gefressen. In ihrem Magen sind lauter blasse und schlecht gelaunte Menschen. Versteht sich. Wer wird schon gern gefressen?

Es dauert gar nicht lange, da stecke ich auch schon unbeteiligt im ersten Streit. Ich nehme die Kopfhörer ab, weil ich höre, wie hinter mir gestritten wird. Als ich in die wütenden Augen eines kleinen Mannes schaue, zeigt dieser gerade auf mich und sagt: »... wegen dieser blöden Bitch!«

»Äh, bitte?«, hake ich nach.

»Ja, du blöde Schlampe. Fummelst du da an deinem scheiß iPhone rum und tust so, als wär nichts.«

Ach so. Ich überlege, ob ich erklären soll, dass ich dieses Telefon als Bezahlung für ein Drehbuch erhalten habe. Ich überlege, ob ich mich rechtfertigen soll für meinen Besitz, und mir wird ganz schwindlig. Natürlich schwingt hier gerade Sozialneid durch den Raum. Das Fußvolk stampft sich selbst zu Tode in der Massenhysterie.

Ich beschließe, ruhig zu bleiben. »War denn was? Entschuldigung. Ich habe nichts gehört.«

»Ja, natürlich!«, mischt sich nun ein Zweiter von weiter vorn ein. »Du warst ja auch mit deinem Gerät beschäftigt.«

Ich suche nach einem Gesicht zu der Stimme und finde darin ebenfalls funkelnde Augen.

»Ja. Aber was hätte ich denn mitbekommen sollen?«

Der von vorn dreht sich schüttelnden Hauptes um und meint, er sage dazu jetzt gar nichts mehr, der hinter mir erklärt, er habe ja wohl eben hinter mir gestanden.

»Stimmt's?«, fragt er energisch.

»Ich glaube, das stimmt«, bestätige ich.

»Ja, dann sag das mal der Schlampe hier!«

Aber, aber …

»So viel Unhöflichkeit in einem so kleinen Körper!«, bemerke ich lächelnd, und die Schlampe hinter mir schüttelt mit aufeinandergepressten Lippen ihren Kopf.

Der Mann krakeelt weiter, und ich komme nach kurzer Überlegung zu dem Schluss, dass es besser wäre, die Kopfhörer wieder aufzusetzen. Die Menge hinter mir streitet weiter, immer mehr Menschen mischen sich ein.

Inzwischen ist eine Frau noch weiter hinten sehr aufgebracht. Augen und Mund bewegen sich synchron auf und kaum mehr zu. Sie wirft die Arme durch die Luft und verschwindet schließlich stampfenden Fußes. Zurück kommt sie mit einem Sicherheitsangestellten des Jobcenters. Einer dieser Ein-Euro-Maßnahme-Menschen. Sicherheitskraft ohne nennenswerte Ausbildung.

Das Erste, was mir in seinem Gesicht auffällt, ist Freude. Oha. Ein Sheriff, denke ich, der seinen Job liebt. So einer wie der würde das auch umsonst machen. Ich drehe mich lieber weg. Doch irgendwann berührt der Sheriff meine Schulter. Erneut nehme ich die Kopfhörer aus meinem Ohr.

»Ja, bitte?«

»Telefone sind hier verboten!«, erklärt der Sheriff und zeigt auf eines der zahlreichen Verbotsschilder.

»In Ordnung«, nicke ich.

»Ja. Tu das bitte weg.«

»Mein Telefon ist ja in meiner Tasche.«

»Ja, aber du benutzt es.«

Ich fühle, wie meine Augenbrauen sich zusammenziehen. Wieso werde ich hier eigentlich geduzt?

»Also gut. Soll ich die Kopfhörer rausnehmen?«

»So ist es.«

»Gut.« Ich gehorche, will aber wissen, wozu dieses Verbot gut ist und wer es verantwortet.

Das weiß der Sicherheitsmann nicht, und nun bekommt auch er diesen blöden Blick. Hass. Ich erhebe beschwichtigend meine Hände und gebe zu bedenken, dass man ja vielleicht einen beruflichen Anruf erhalten könnte und dass ich ja auch gar nichts sagen wollte, und ich entschuldige mich.

Da nickt der Sheriff. So ist gut. Amen.


»Maike!«, sag ich mir. »Hier sind alle mies gelaunt. Treib es nicht auf die Spitze.« Also entferne ich die Kopfhörer von meinem scheiß iPhone und verhalte mich unauffällig. Inzwischen bricht weiter hinten wieder Streit aus. Als ich endlich dran bin, erkläre ich mein Anliegen, woraufhin ich weitergeschickt werde.

»Nummer 69, bitte in den Warteraum.«

Ach so, das war hier gar nicht der Warteraum …

Als ich endlich an einem Schreibtisch sitze, schildere ich meinen Fall. Der Antrag auf finanzielle Unterstützung der Klassenfahrt wurde abgelehnt und mein Widerspruch bisher noch nicht bearbeitet. Ich erkläre, dass die Klassenfahrt nun aber in zwei Wochen stattfinden soll und wir das Geld langsam wirklich brauchen.

Weil ich so freundlich bin, sagt die junge Frau nun, dass sie mir einen EILT-Vermerk auf die Unterlagen stempelt und sie persönlich gleich in der Leistungsstelle abgibt.

Ach, wie gut ist Freundlichkeit! Ich empfehle, dieses Konzept einmal selbst auszuprobieren. Hilft auf den meisten Ämtern und Behörden.

Falls du, geneigter Leser, ein »Kunde« (Kunde ist ein Schimpfwort, sagt meine Tochter) besagten Centers sein solltest, hier ein Tipp, der kein Gold, aber immerhin ein bisschen Geld wert ist: Sei immer lieb und freundlich! Und geh niemals allein hin. Die Anwesenheit eines Dritten wird von Sozialberatungsstellen ausdrücklich empfohlen.

# 28.

## WIE SICH DAS PAKET FÜR BILDUNG UND TEILHABE SCHLIESSLICH NACH MIR ERKUNDIGTE

Nachdem ich mich für dieses Buch mit dem Thema Bildungspaket fast ein Jahr lang auseinandergesetzt hatte, erhielt ich plötzlich einen Anruf des Sozialforschungsinstituts SOKO. Frau von der Leyen, ihrerseits Erfinderin des Bildungspakets, hatte eine Studie in Auftrag gegeben, bei der Familien, denen Leistungen daraus zustanden, dazu befragt wurden. Die Fragen zielten darauf ab, herauszufinden, warum so wenige Menschen das Bildungspaket bisher beantragt hatten und ob die Zahlungen als hilfreich empfunden wurden. Ich war zufällig Profi auf diesem Gebiet und konnte alle der Fragen richtig beantworten, die mir der Interviewer am anderen Ende der Leitung stellte. Ich gab allerdings auch an, dass ich mich intensiv mit diesem Thema auseinandergesetzt habe, da ich darüber schreibe. Als das Interview beendet war, durfte ich auch ein paar Fragen stellen. Ich hatte so einige.

Was denn die Auswahlkriterien für die zu befragenden Personen seien?

Darüber könne mein Gesprächspartner mir keine Auskunft geben, aber Frau von der Leyen habe auf jeden Fall bis ins kleinste Detail an diesem Fragenkatalog mitgearbeitet, was normalerweise bei solchen Studien nicht der Fall sei.

Soso.

Ob es denn möglich sei, dass ausschließlich Menschen wie ich befragt würden? Menschen, die diese Leistungen beantragt haben und sich damit auskennen? Darüber wisse der Mann am anderen Ende nichts. Über seine eigenen Telefonate wolle und dürfe er auch gar nicht sprechen.

Am 30. März 2012 schließlich veröffentlichte das Bundesministerium für Arbeit und Soziales einige der Ergebnisse dieser Umfrage auf seiner Homepage. Die gute Nachricht prangt nun auf seiner Serviceseite: Ca. 80 % der Befragten seien gut informiert. Ja.

Die Tatsache, dass bisher nur die Hälfte der Betroffenen diese Zuschüsse beantragt hat, zeigt allerdings überdeutlich, dass anscheinend wirklich nur diejenigen befragt wurden, die sich mit der ganzen Sache auskennen. Die Befragten durften das Bildungspaket auch benoten, und so schließt der Artikel über die Wirksamkeit dieser Leistungen mit dem Satz, dass die Betroffenen dem Bildungspaket durchschnittlich die Schulnote 2,6 geben. Bravo, Frau von der Leyen! Setzen, zwei minus. Das geht aber doch!

Die Wahrheit ist: Diese Zuschüsse wurden niemals vernünftig kommuniziert, und die meisten Arbeitslosen wissen gar nichts von diesen Leistungen. Hätte man alle Menschen befragt, denen dieses Geld zusteht, und sich mit ihnen gemeinsam durch die Antragsprozedur geschlagen, so fiele das Urteil sicher sehr viel schlechter aus. Wie ironisch, dass Frau von der Leyen ihre Leistung ausgerechnet in Schulnoten bewerten lässt. Denn die meisten Menschen aus den sogenannten bildungsfernen Schichten wissen gar nicht, dass ihren Kindern eine Nachhilfe zusteht. Nur die Hälfte derjenigen, die die Leistungen beantragen könnten, wissen etwas darüber. Das ist entschieden zu wenig.

Und am Ende übrigens ist es auch zu wenig Geld. Denn was realistisch drinsteckt in diesem Paket, ist pro Monat:

**Zuschuss zum Mittagessen in Schulen und Kitas: 78 Euro**
Bedingung: In der Schule, Kita oder im Hort muss ein gemeinschaftliches Mittagessen angeboten werden. Ein Nachweis, dass Ihr Kind dort auch gegessen hat, ist nicht erforderlich.

**Zuschuss für Vereinsbeiträge, Musikunterricht oder Ähnliches: 10 Euro**
Bedingung: keine. Sie brauchen nicht nachzuweisen, dass Ihr Kind bereits entsprechende Angebote genutzt hat.

**Zuschuss für Schulausflüge, Lernförderung: 10 Euro**
Wenn Sie belegen können, dass Sie im derzeitigen Bezugszeitraum bereits Ausgaben für Schul- oder Kita-Ausflüge oder für Lernförderung beziehungsweise Nachhilfe hatten, dann erhalten Sie das Geld erstattet. Bei der Nachhilfe gelten spezielle Regelungen. Erkundigen muss man sich am besten bei der Schule. Die bis hierher genannten Leistungen werden zukünftig nur noch als Gutschein gewährt oder direkt an den Anbieter (z. B. den Sportverein) überwiesen.

**Zuschuss zur Schülerbeförderung: individuell**
Bedingung: Ist Ihr Kind auf Bus oder Bahn angewiesen, um zur Schule zu kommen, dann bekommen Sie die Fahrtkosten erstattet, wenn niemand anders die Kosten übernimmt und es Ihnen nicht zugemutet werden kann, die Kosten selbst zu tragen.

Tropfen auf heiße Felsen. Allein die Schulmaterialien sind um einiges teurer. Die Grundausstattung kostet zwischen 150 und 300 Euro, pro Jahr zahlt man ca. 100 Euro für Bücher und noch mal 100 Euro für Materialien. Ausflüge, Klassenfahrten und Projekte kosten zwischen 200 und 300 Euro pro Jahr, ein Musikkurs an der Musikschule beläuft sich für ein Kind auf 20 bis 50 Euro. Für das Mittagessen in der Schule kommen täglich noch einmal etwa 4 Euro hinzu.

Bildungs- und Teilhabepaket nennt sich das, was Kindern aus ärmeren Familien die Teilhabe am Sozial- und Kulturleben ermöglichen soll und was da, wo es am nötigsten gebraucht wird, gar nicht ankommt. Denn ein Paket, das sich an die sogenannten Bildungsfernen richtet, kann ihnen wohl kaum durch Pressemitteilungen auffallen. Bildungsferne lesen keine kleinen Meldungen in der Tagespresse.

Wie bereits erwähnt, ist dieses Paket ein vollkommen fehlgeleiteter Ansatz. Es ist der augenscheinliche Versuch, Löcher zu stopfen, anstatt die Flut zu bekämpfen. Um Chancengleichheit für Kinder aus benachteiligten Schichten herzustellen, muss man die Schulen und Kitas zu Palästen machen, in denen sich jedes Kind entfalten kann. Es nutzt nichts, Gelder an die Länder zu verteilen, um mit einem riesigen Verwaltungsaufwand Minimalbeiträge an die Betroffenen auszahlen zu können. Der bürokratische Aufwand ist ungleich größer als der Nutzen dieser Übung.

Die minimalen Förderungen wie die monatlichen Zuzahlungen von 10 Euro für Musik- oder Sportkurse stehen in keinem Verhältnis zu den realen Preisen für derlei Kurse. Nur 20 % der berechtigten Eltern haben dieses Geld erhalten, die restlichen 80 % der bereitgestellten Gelder flossen somit in die jeweiligen Schuldenlöcher der Landeshaushalte. Derlei Bemühungen kosten den Staat Verwaltungskosten, die ihre Realisierung in keiner Weise rechtfertigen. Es wurde am Ende wieder viel Geld ausgegeben, jedoch völlig ohne erkennbaren Nutzen für die Gesellschaft. Sinnvoller wäre es, dieses ganze Geld in die Schulen zu stecken, um dort Materialien und Essen stellen zu können. Auch Musik-, Kunst- oder Sportpädagogische Konzepte könnten finanziert werden mit diesem Geld.

Ich habe nach der Eigenbenotung der Ministerin für ihre Aktion Bildungspaket eine Interviewanfrage beim Bundesministerium für Arbeit und Soziales gestellt, in der ich um ein Gespräch mit Frau von der Leyen bat. Ich wolle mit ihr über die Rolle der Mutter in unserer Gesellschaft und über das Bildungs- und Teilhabepaket sprechen. Nach einer freundlichen Standardabsage fragte ich noch drei weitere Male nach. Zuletzt erhielt ich diese Antwort:

*Sehr geehrte Frau von Wegen,*
*vielen Dank für Ihre Anfrage für ein spannendes und interessantes Thema, das sicherlich viele Menschen in Deutschland beschäftigt.*
*Leider muss ich Ihnen aber mitteilen, dass Frau von der Leyen Ihnen kein Interview geben kann, bitte haben Sie Verständnis dafür, dass wir bei einer Flut von Anfragen auch viele Absagen geben müssen.*
*Gerade zum Thema Abwicklung des Bildungs- und Teilhabepakets sollten Sie den Kontakt zu Ländern und Kommunen suchen, denn diese sind nach der Entscheidung im Vermittlungsverfahren für die Umsetzung zuständig.*

*Mit freundlichen Grüßen,*
*xxx*

So ist es. Dieses Thema interessiert sehr viele Menschen in diesem Land. Aber die Ministerin mit der Schulnote 2,6 kann sich damit nun leider nicht mehr auseinandersetzen. Ist es nicht so, dass eine Ministerin für genau diese Themen zuständig ist, die viele Menschen in ihrem Land interessieren?

Jedoch sieht die Politik von der Leyens bisher immer vor, neue (unvollständige) Mittel zu schaffen, die schlecht kommuniziert und abgerufen werden, das Ganze marketingtechnisch bewertend abzuschließen und anschließend alle Verantwortungen an die Kommunen abzuschieben, denen man diese Mittel ja zur Eigenverantwortung zur Verfügung gestellt hat. Mit dieser Politik ist sie leider nicht die Einzige.

# 29.
# DIE »ALLEINERZIEHENDE« MINISTERIN
# UND IHRE VIER KINDER

Auch bei der Ministerin für Familie, Senioren, Frauen und Jugend, Kristina Schröder, biss ich auf Granit. Und auch Frau Schröder fährt das von der Leyensche Personenmarketingprogramm und weist Kommunen gerne Mittel zu, für deren Wirksamkeit sie dann ebendiese Kommunen immer wieder gerne in Statements verantwortlich erklärt.

Erscheinen zwei Tage lang schlechte Meldungen über die Ministerin in der Presse, so kann man spätestens am dritten Tag damit rechnen, dass das Ministerium eine Meldung herausgibt über ein neues Projekt der Ministerin. So geschehen, als Frau Schröder drei Tage lang aufgrund eines Auftritts bei Günther Jauch über den Kitaausbau in der Presse verrissen wurde. Am dritten Tag der Negativmeldungen gab das Ministerium eine Meldung heraus, dass Frau Schröder ihr neues (Prestige-)Projekt gestartet habe.

Es geht um Sicherheit für Kinder im Netz. Es geht aber selbstverständlich nicht um Aufklärung oder Medienkompetenztrainings für Kinder oder ähnlich Sinnvolles. Es geht um eine Software, die Eltern auf dem Computer installieren sollen, damit die Kinder, wann immer sie einen bedenklichen Suchbegriff eingeben, automatisch auf einer Kinderseite landen. Ich als Elternteil bin tatsächlich sehr viel mehr daran interessiert, das Netz für meine Tochter nicht zu zensieren, sondern sie bei der Erkundung zu begleiten und auf Gefahren hinzuweisen. Das, was unsere Kinder in einer digitalisierten Welt benötigen, ist eindeutig Medienkompetenz. Frau Schröder bevorzugt die Bevormundung und Zensur.

Und vor allem wissen sie und ihr Sprecher Christoph Steegmans, wie man Personenmarketing betreibt. Ein wenig – muss ich zugeben – bin ich ja von dieser Taktik begeistert, und ich bewundere Frau Schröder für die Fähigkeit, einmal mit Steegmans besprochene Sätze wieder und wieder und wieder aufzusagen und dabei nie die Selbstachtung zu verlieren.

Wir als Autorenkolleginnen hätten sicher ein anregendes Gespräch führen können, aber leider blieb mir auch diese Tür verschlossen. Aus Frau Schröders Büro hieß es, die Ministerin finde leider nicht die Zeit für ein Gespräch mit mir. Man wünsche mir viel Erfolg für das Buch.

Wenn man auf Sprache achtet, kann einem ja schon schlecht werden, wenn man nur den Namen dieses Ministeriums liest. Die Frau gehört in einen Topf mit der Familie, den Alten und den Jungen. Die Frau ist eben ein soziales Wesen, das sich um all diese nervigen Familienbelange sorgt, ihr Leben lang.

Gäbe es ein Ministerium für den Mann, wäre es dann das Ministerium für Wirtschaft, Penisvermessung und Sport?

Emanzipiert sind wir selbst, sagen Sie, Frau Ministerin für Familie, Senioren, Frauen und Jugend. Wer für ein solches Amt einsteht, muss wohl so denken. Da steckt er noch, der Mutterkult. In einem deutschen Ministerium. Ich habe darum im Januar 2013 eine Petition verfasst, das Ministerium für Familie, Senioren, Frauen und Jugend möge in seine vier Verantwortungsbereiche aufgeteilt werden:

»Der Deutsche Bundestag möge beschließen, das Ministerium für Familie, Senioren, Frauen und Jugend aufzulösen und in je eigene Verantwortungsbereiche zu gliedern. Wir Frauen fühlen uns durch die jetzige Struktur diskriminiert und auf angeblich ›weibliche‹ Themenbereiche verwiesen.

Die Frauenbewegung kämpft nun schon seit über fünfzig Jahren für die Gleichstellung von Frauen und Männern. Wir wollen nicht in einen Topf geworfen werden mit der Pflege der Alten und der Familien. Wir empfinden diese Kategorisierung als sexistisch.

Außerdem sind wir überzeugt, dass zu viele der Verantwortungsbereiche einer einzigen Ministerin zurzeit im sozialpolitischen Fokus liegen. Ein einziges Ministerium und eine Ministerin können dieser Verantwortung allein nicht gerecht werden.

Begründung 1: sexistisch. Wir beklagen seit Jahren die Tatsache, dass Frauen in Deutschland noch immer weniger verdienen und weniger in Spitzenpositionen arbeiten. Ein Amt, das die Realität der Fraueninteressen mit denen der Familien-, Senioren- und Jugendpolitik zusammenlegt, verstärkt diese Tatsache nur noch. Wir Frauen wollen nicht, dass unsere Interessen so schon von vornherein auf den Schwerpunkt der Familienpflege gelegt werden. »Die Grenzen meiner Sprache bedeuten die Grenzen meiner Welt.« (Ludwig Wittgenstein)

Begründung 2: zu umfangreich. Jeder der vier Bereiche steht zurzeit im Fokus der Politik. Stichworte sind: die Überalterung unserer Gesellschaft, Seniorenpflege, die Geburtenrate, das Betreuungsgeld und Kita- beziehungsweise Krippenausbau, durch Armut bedrohte Familien, Rückführung Alleinerziehender in den Arbeitsalltag, Gleichstellung der Frau, Kinderarmut etc. Das Ministerium befasst sich gleichzeitig mit viel zu vielen Sozialproblemen. Ein einzelnes Amt kann diese Arbeit nicht gewährleisten, und wir können dies ja nur zu gut sehen: Die aktuelle Ministerin Schröder wird nicht einmal dem großen Teilbereich der Familienpolitik gerecht. Sie steht enorm in der Kritik sämtlicher Erziehungsexperten und der Medien. Es ist ihr nicht einmal möglich, diesen Teilbereich befriedigend zu bearbeiten.

Begründung 3: die Deutungshoheit. Viele Wissenschaftler pochen darauf, dass nicht etwa die sinkende Geburtenrate unser demographisches Problem verursacht, sondern die immer schneller steigende Lebenserwartung. Dass Frau Schröder als einzige Ministerin für beide Bereiche (Senioren / Familien) zuständig ist, macht die Entscheidungsfindung darüber hinaus intransparent. Sie kann somit Studien in Auftrag geben, die die Geburtenrate immer wieder problematisieren, während ihr nicht etwa ein eigenes Seniorenamt widersprechen könnte. Hier vermischen sich zu viele Verantwortungsbereiche, über die kein Dialog stattfinden kann, da es nur eine einzige Hoheit über all diese Themen gibt.«

Im Februar 2012 erhielt ich ein Schreiben, dass meine Vorschläge geprüft würden, aber die Petition nicht zur Diskussion freigegeben werden könne, weil der Text zu dieser Zeit noch einen Link als Quellenangabe enthielt.
Daraufhin rief ich beim Petitionsausschuss an, um zu fragen, ob ich den Link nicht nachträglich entfernen könne. Die Dame am Telefon äußerte weitere Bedenken bezüglich der Formulierung, wollte mir aber nicht verraten, worin diese Bedenken bestanden.
Ich legte enttäuscht auf und berichtete darüber in meinem

Blog, woraufhin sich ein Mitarbeiter des Petitionsausschusses bei mir meldete und mir seine Hilfe anbot. Wir haben gemeinsam umformuliert und die Petition erneut mit Bitte um Veröffentlichung eingereicht. Im März erhielt ich die Antwort, dass über derlei Entscheidungen nur die Kanzlerin verfügen könne. Darum habe ich einen offenen Brief aufgesetzt an Bundeskanzlerin Merkel und sammle zurzeit Unterschriften für diesen Brief.

## 30.
## ES GEHT WEITER ABWÄRTS

Als Sarrazins Machwerk *Deutschland schafft sich ab* erschien, habe ich meine Arbeit an mutterseelenalleinerziehend.de begonnen. Weil ich nicht fassen konnte, wie meine Interessengruppe von politischer Seite stigmatisiert wurde in diesem Buch. Offenbar regte es niemanden auf, dass Sarrazin nicht nur auf die bösen Einwanderer schimpfte, sondern ebenso auf die gebärenden deutschen Frauen, deren »Verantwortungslosigkeit« nun für die Bildungsferne zur Rechenschaft gezogen werden sollte.

Ich bin alleinerziehend, und ich bin alles andere als bildungsfern. Meine Tochter ist sehr aufgeweckt und hat mehr Bücher als viele Erwachsene, die ich kenne. Aber das ist gar nicht der Punkt. Würde ich Sarrazins Empirie meine Empirie entgegensetzen, fänden wir uns in einem fundamentalen Glaubenskrieg wieder, der niemandem dienlich ist. Der Punkt ist gar nicht so sehr, was Sarrazin sagt. Er ist alles andere als allein mit seiner engen Weltsicht.

Das Problem ist, dass ER es ist, der so etwas sagt. Ein Politiker. Jemand, der Verantwortung für sein Volk trägt, wälzt diese Verantwortung feige auf ebenjenes ab und entfacht damit einen Streit in der Gesellschaft, der zu Hass und Gewalt führt.

Das nächste Werk, das in die genau gleiche Kerbe schlug, wurde im Herbst 2012 veröffentlicht und trägt den stark vereinfachenden Titel *Neukölln ist überall*. Auch dieses Buch stigmatisiert Immigranten und Alleinerziehende. Und auch dieses Buch wurde geschrieben von einem Vertreter der SPD – dem Neuköllner Bezirksbürgermeister Heinz Buschkowsky. Sarrazin hat Buschkowskys Wahlkampf übrigens mit 5000 Euro aus den Einnahmen seines Buches unterstützt. Eine Spende, von der viele Landesverbände der SPD gesagt haben, dass sie sie in jedem Fall abgelehnt hätten. Nicht so die Neuköllner SPD, die Sarrazins Thesen, von denen sich einige mit nationalsozialistischer Rassentheorie decken, offenbar ebenfalls zugeneigt zu sein scheint.

Genau wie bei Sarrazin bekommen die Alleinerziehenden auch bei Buschkowsky ihr Fett weg. Buschkowsky schreibt: »In Gesprächen bin ich immer wieder überrascht, mit welcher Selbstverständlichkeit Menschen davon ausgehen, dass es die natürliche Aufgabe der Gemeinschaft sei, sie zu alimentieren, und ihre Lebens- wie Familienplanung darauf ausrichten. Insbesondere bei Alleinerziehenden ist diese Auffassung recht stark verbreitet. Der Umstand, durch Zeugung und Erziehung der Gemeinschaft ausreichend gedient zu haben, fungiert dabei als unerschütterliche Rechtfertigung, die jeden Zweifel als unmoralisch entrüstet zurückweist.«

Das Bundesministerium für Familie, Senioren, Frauen und Jugend selbst schreibt in seinem Dossier über die Vereinbarkeit von Familie und Beruf für Allenerziehende von 2009: »Zusammenfassend ist festzuhalten, dass die hier dargestellten Vergleichsdaten zeigen, dass Alleinerziehende in Europa im Durchschnitt ein niedrigeres Einkommen zur Verfügung haben und stärker armutsgefährdet sind als andere Haushalte. Die Analyse zeigt auch, dass die Erwerbstätigkeit und hier insbesondere eine vollzeitnahe Erwerbstätigkeit eine zentrale Voraussetzung für eine Verbesserung der Einkommenssituation von Alleinerziehenden darstellt. In einigen, zum Beispiel

in den skandinavischen, Ländern liegen die Erwerbstätigen-
quoten deutlich über dem europäischen Durchschnitt, was
mit niedrigeren Armutsgefährdungsquoten von Alleinerziehenden einhergeht.«

Dieses Dossier zeigt anschaulich die Tatsachen, die auch kein
Geheimnis sind: Die große Arbeitslosigkeit in diesem Land –
insbesondere die der Alleinerziehenden – ist ein strukturelles
Problem, das aus den politischen Umständen erwächst. Aber
wieder wagt es einer der Verantwortlichen, diese Schuld auf
die schwächsten Mitglieder der Gesellschaft abzuwälzen.

Heinz Buschkowskys Buch führte monatelang die Bestseller-
liste an und löste einen Kleinkrieg im Volk aus. Noch einmal,
damit wir es nicht vergessen. Die beiden hetzerischsten Bücher der letzten Zeit, die die einfachen Bürger für schlimmste
strukturelle Probleme zur Verantwortung ziehen, wurden
von Sozialdemokraten geschrieben. Doch damit nicht genug.
In Buschkowskys Buch findet sich ebenfalls der folgende Absatz: »Mit den Afrikanern ist noch mehr Brutalität, Drogen-
und Alkoholmissbrauch eingezogen. Türkische und arabische
Männer sitzen in den Cafés. Afrikanische Männer sitzen zu
Hause, sehen fern, spielen, telefonieren und trinken. Afrika-
ner lassen sich noch schwerer in die Karten schauen als die
anderen Ethnien.«

Das ist Rassismus per Definition, weil er spezifische Merk-
male und Verhaltensweisen für ganze Ethnien behauptet und
weil er ferner sogar eine Bewertung der Kultur impliziert.
Darf sich ein sozialdemokratischer Bürgermeister öffentlich
rassistisch äußern? Ich denke nicht, und darum habe ich die
Auseinandersetzung mit Heinz Buschkowsky und seinen
Anhängern gesucht. Auf seiner Facebookseite warf ich ihm
Rassismus vor, woraufhin ich in einen Shitstorm geriet.

Anhänger des Neuköllner Bürgermeisters und Neonazis verfolgten mich im Internet brutal. In zahlreichen E-Mails, Kommentaren und Artikeln im Netz wurde ich beschimpft und bedroht. Man hackte meinen Blog mutterseelenalleinerziehend. de, kündigte an, mich zu finden und zu vergewaltigen. Man gab sich reichlich Mühe, meine Person mit Dreck zu beschmeißen. Alles nur, weil ich es gewagt hatte, mich gegen die rassistische Äußerung eines »Volksvertreters« zu wehren.

Ich schrieb daraufhin einen Kommentar für den *Berliner Tagesspiegel,* der von der Gewalt handelte, die indirekt durch Buschkowsky geschah. Er hatte mit seinem Buch den Menschen eine Rechtfertigung gegeben für ihre menschenverachtenden Meinungen und ihnen somit Tür und Tor geöffnet, Andersdenkende offiziell dafür verfolgen zu dürfen. Auf der Internetseite des *Tagesspiegels* passierte das Gleiche wie zuvor bei Facebook und auf meinem Blog. Über die Kommentarfunktion ließen sich Hunderte von Menschen in Form von Beleidigungen und Anschuldigungen an mir aus. Ein Großteil der Kommentare ging nicht einmal durch die Administration, weil sie zu auffällig gegen deutsche Gesetze verstießen. Ich musste drei Strafanträge stellen gegen Menschen, durch die ich mein Leben tatsächlich bedroht sah.

Nach diesen Vorfällen fragte der *Tagesspiegel* beim Sprecher der Neuköllner SPD, Joschka Langenbrinck, nach, wie die SPD über diese Form der Gewalt denke, die im Internet weiter Blüten trug. Ich hatte das Geschehen auf der Seite bis Ende Oktober 2012 passiv verfolgt, und bis dato äußerte sich die Mehrheit auf Buschkowskys Facebookseite nationalsozialistisch, menschenverachtend oder rassistisch. Ich möchte noch einmal daran erinnern, dass dies eine Internetseite ist, die durch einen Verband der SPD administriert wird – Sozialdemokraten, die im Namen ihres Bürgermeisters zweifelhafte Argumente billigen. Und das geschieht nicht in einem kleinen

Dorf, abgeschnitten vom Rest der Gesellschaft, es passiert im modernen, hippen und »aufgeklärten« Berlin.

Joschka Langenbrinck antwortete auf die Anfrage des *Tagesspiegels:* »Das bewegt sich alles im Rahmen der verfassungsrechtlich geschützten Meinungsfreiheit.« Und wer Buschkowsky als Rassisten bezeichne, »muss sich nicht wundern, wenn es auch entsprechende Reaktionen gibt«. Und auf die Frage, ob die SPD nicht rassistische, nationalsozialistische und sonst wie menschenverachtende Kommentare auf der Seite löschen müsste, gab er zu bedenken, dass man dann auch meinen Rassismusvorwurf löschen müsste.

Davon abgesehen, dass mir das im Zuge dieser vollkommen unzulässig geführten Diskussion tatsächlich egal wäre: Wieso soll ein Rassismusvorwurf so schwer wiegen wie rassistische Äußerungen? Seit wann stellt es Gewalt dar, auf Gewalt hinzuweisen?

Herr Langenbrinck hat somit also das Verhalten derer, die mich gewalttätig verfolgt haben, nicht nur gebilligt, sondern sogar bestärkt. Ich erhielt daraufhin E-Mails, in denen man mir zum Beispiel schrieb: »Da, du Volksverräterin. Sogar deine Bezirksregierung hasst dich!«

Mit anderen Worten: Wer es wagt, eine sozialdemokratischere Meinung als die SPD zu haben, den darf man verfolgen. Ich war überzeugt, dass Herr Langenbrinck wohl nicht wusste, wovon er genau sprach, und suchte das Gespräch mit ihm. Am Ende kam es nicht zu einem Gespräch, sondern nur zu einer SMS, mit der Herr Langenbrinck offenbarte, dass er diesen unsachlich geführten Diskurs nicht nur indirekt unterstützte. Er selbst beteiligte sich aktiv an diesem Spiel und versuchte, mich mit seiner SMS zu diffamieren. Er hatte mein Leben recherchiert und konfrontierte mich nun damit.

Anstatt auf meinen Vorwurf des Rassismus einzugehen und anstatt sich zu rechtfertigen für die Aussage, dass es legitim sei, mich zu verfolgen, beging er diese Unverschämtheit auch noch selbst. Damit ließ er sich herab auf das Niveau meiner Internetrolle, meiner Angreifer und Verfolger, von denen ich noch heute unangenehme Mails und Kommentare erhalte. Und das Ganze, so schrieb Langenbrinck, äußere er in Vertretung der Neuköllner SPD.

Das ist der Status quo der Sozialdemokratie.

## 31.
# ICH KRIEG NIE MEHR EIN KIND,
# PAPA DEUTSCHLAND!

Es gab in diesem Land mal so Hippie-Zeiten, da galt es als schick, Sätze zu sagen wie: »In diese Welt würde ich keine Kinder setzen.«

Ich fand diesen Satz bisher immer grausam dumm. Die Welt war schon immer kompliziert und ausgestattet mit einigen echt fiesen Gimmicks. Es gibt Krieg, schlechtes Wetter, Lügen, Hass, Mord und Tod … Man kann überall Unheil entdecken, wenn man genau hinsieht. Wenn man das eben will. Aber ich gehöre lieber zu den Menschen, die sich auf das Schöne konzentrieren. Was übrigens nicht gleichbedeutend damit ist, taub und mit Scheuklappen durch die Welt zu laufen. Seit einer Weile aber geistert mir der Hippie-Satz im Kopf herum.

»Lieber Papa Deutschland, dir schenke ich wirklich nie wieder ein Kind. Du kannst damit einfach nicht umgehen.«

Eine Familienberaterin, mit der ich mich unterhalten habe, erzählte mir, dass immer mehr Frauen zur Beratung kämen, die ihre Kinder aus wirtschaftlichen Gründen abtreiben wollen. Sie sehen sich nicht in der Lage, ein Kind über die Runden zu bringen. Deutsche Sozial- und Wirtschaftspolitik greift somit – im negativen Sinne – enorm in die Privatentscheidungen der Bürger ein.

Die Fruchtbarkeitsrate (auch genannt Fertilitätsrate, die Anzahl durchschnittlicher Kinder pro gebärfähiger Frau) in

Deutschland blieb seit Mitte der 70er Jahre konstant bei 1,4, während die Lebenserwartung stetig steigt und die Geburtenrate sinkt.

Die Geburtenrate zeigt an, wie viele Kinder auf 1000 Menschen pro Jahr geboren werden. Und diese Zahl ist gesunken. Das bedeutet: Es gibt im Verhältnis zu den fruchtbaren Frauen noch genauso viele Kinder in Deutschland wie vor vierzig Jahren. Es entscheiden sich allerdings immer weniger Frauen für ein Kind, während die Generation der Großeltern immer älter wird. Immer weniger Frauen haben Lust, Kinder zu bekommen, gleichzeitig werden die Menschen immer älter. Das ist ein demographisches Problem und ja: Jeder spricht davon. Dennoch: Deutschland fördert weiterhin das Ehegattensplitting. Eine Subvention, die diejenigen Familien erhalten, die brav nach dem antiquierten Traditionsmuster handeln: Der Mann geht arbeiten, die Frau macht den Haushalt.

Das Betreuungsgeld ist ein Zeichen dafür, dass die Ministerin Schröder das demographische Problem erkannt hat. Nur lösen lässt sich das Problem damit nicht. Frauen müssen und wollen heute am Arbeitsmarkt teilnehmen. Bekommen sie Kinder, sind sie beruflich gesehen schnell weg vom Fenster, weil es einfach viel zu wenige und nur ungenügende Betreuungsmöglichkeiten gibt. Die Entscheidung ist also nicht: Wenn ich zu Hause bleiben darf, dann kriege ich Kinder! Sondern: Wenn ich meinen Arbeitsplatz ohne Einschränkungen behalten darf, dann kriege ich Kinder!

Hinzu kommt, dass das Betreuungsgeld vor allem denjenigen nutzt, die sowieso schon genügend Geld haben, um für ihre Kinder daheim zu bleiben. Und Empfängern von Hartz IV steht dieses Geld ohnehin nicht zu.

Mit anderen Worten: Die »besseren« Kinder lernen lieber gar nicht mehr den Umgang mit den »bildungsfernen Kindern«.

Am besten separiert man sie und betreut »die Guten« zu Hause und »die Schlechten« in den Kindergärten.
Warum schreibt Frau Schröder nicht gleich über das Betreuungsgeld: Frauen zurück an den Herd!

Und dabei ist der Staat in dieser Frauen- und Familienpolitik nicht einmal konsequent. Einerseits fördert er durch Maßnahmen wie Ehegattensplitting und Betreuungsgeld, dass Frauen wegen der Kindererziehung aus dem Beruf aussteigen. Steht aber eine Scheidung an, sollen die Frauen trotz Kinder plötzlich wieder für sich selbst sorgen.
Am 12. Juni 2012 wurde per Gerichtsbeschluss festgelegt, dass Alleinerziehende ab dem dritten Lebensjahr ihres jüngsten Kindes Vollzeit arbeiten können. In Zukunft kann jeder geschiedene Partner, der keine Lust darauf hat, Unterhaltszahlungen zu leisten, seinen geschiedenen Partner einfach verklagen und dazu verdonnern, seinen Lebensunterhalt allein zu bestreiten.
Das bedeutet: Zuerst einigen Mann und Frau sich darauf, dass sie zu Hause bleibt, weil es steuerlich lukrativer ist, und im Falle der Trennung steht die Frau plötzlich mit Kindern und ohne Job allein da. Diese Vorkommnisse sind inzwischen Alltag in Deutschland.
Wenn Frauen sich bei der Familiengründung entscheiden, in Zukunft für die Kindererziehung zu Hause zu bleiben, setzen sie sich einem enormen Armutsrisiko aus. Im Falle einer Trennung verlieren sie mit der Ehe auch jegliche Perspektive. Die Wiederaufnahme der Berufstätigkeit gelingt in den seltensten Fällen, und so müssen die Frauen das nehmen, was noch zu kriegen ist auf einem Arbeitsmarkt, der kaum mehr zu bieten hat als Vierhundert-Euro-Jobs.
70 % der Niedriglöhner sind Frauen, 97 % der Vorstandschefs

der börsennotierten Unternehmen sind Männer. 92 % der Alleinerziehenden sind Frauen, und während für sie dieser Zustand das Abrutschen in die Armut bedeutet, steigt in der Regel das Durchschnittseinkommen der Väter nach einer Trennung. Das sind unübersehbare Zustände, die der Gleichstellung der Frau wie Felsen im Wege stehen.

Vielleicht täte es allen gut, wenn Frauen Kinder und Arbeit vereinbaren könnten: Männer stünden nicht unter dem Druck, der Versorger zu sein; Frauen könnten sich selbst verwirklichen und vor allem im Notfall selbst versorgen; Kinder würden von Müttern und Vätern und Erziehern und Erzieherinnen gleichermaßen erzogen und bekämen frühzeitig die Chance, Bildungsrückstände in Krippe und Kita aufzuholen. Aber dazu müsste dieser Staat erst einmal Betreuungsplätze schaffen für all diese Kinder, deren Eltern arbeiten wollen und sollen.

Die meisten Alleinerzieher, die ich kenne, wollen arbeiten. Die Realität ist bloß: Wir haben dazu kaum Möglichkeiten. Das ist doch traurig, Papa Staat. Wenn man bedenkt, was für Ressourcen da letztlich brachliegen. Die Wirtschaft bestätigt einen immer größer werdenden Fachkräftemangel. Einzige Lösung sei die Einwanderung von Arbeitskräften aus dem Ausland. Ich habe da überhaupt nichts dagegen – aber sollten wir nicht erst einmal die Ressourcen nutzen, die wir haben? Würde man Müttern ermöglichen, zu arbeiten und Karriere zu machen, wäre nicht nur unserem Sozialsystem gedient, sondern auch unserer Volkswirtschaft. Und würde man mehr in die Bildung investieren, so brauchten wir uns auch in der Zukunft nicht um Fachkräfte zu sorgen.

Im Jahr 2007 gab es in Deutschland rund sieben Millionen Mütter, von denen 44 % ohne Arbeit waren. Denken wir uns eine Quote von etwa 5 % Arbeitsunfähiger, so bleiben immer noch 39 % – 2 730 000 Frauen, die dem Arbeitsmarkt zur Verfügung stehen. Wie nützlich die doch unserer Wirtschaft sein könnten! Knapp drei Millionen Arbeitskräfte. Ganz abgesehen von deren glücklich aufwachsenden Kindern, die sich am Ende selbst in die Gesellschaft einbringen würden, wie sie es von ihren Eltern gelernt haben. Und ganz abgesehen davon, dass gerecht entlohnte Erwerbstätigkeit wohl am besten vor Altersarmut schützt.

Nebenbei wird beklagt, dass Akademikerinnen immer weniger Kinder bekommen. Das ist eigentlich das deutlichste Signal dafür, dass der Staat vor den Wünschen und Nöten der Frauen die Augen verschließt. Akademikerinnen sind schlau, sie wissen, dass einem beim Kinderkriegen und -erziehen keiner hilft. Also lassen sie es lieber gleich bleiben. Man will ja am Ende nicht verarmen und seine Karriere in die Tonne hauen.

Es ist nachgewiesen, dass Kinder ein Armutsrisiko darstellen. Siehe den bereits zitierten Armutsbericht. Deutschland ist auf dem hintersten Platz, was staatliche Betreuungsmodelle in Europa angeht. Alle anderen Staaten bekommen das längst viel selbstverständlicher hin.

Und ich?

Nun, ich bin genauso klug wie die Akademikerinnen. Aber als ich Laura bekam, war ich jung. Sie war nicht geplant, und ich hatte keine Ahnung, worauf ich mich da einließ. Ich bin darüber auch nicht unglücklich, denn ich liebe meine Tochter. Ich möchte die Erfahrungen mit ihr nicht missen, aber ich werde es nicht noch einmal tun. Ich werde in diesem Land sicher keine Mutter mehr. Diesen Stress tue ich mir ganz sicher kein zweites Mal an.

# 32.
## NETZWERKE UNWIRKSAMER HILFEN FÜR ALLEINERZIEHENDE

Im August 2011 gründeten sich unter Leitung des Familienministeriums mit Geldern aus dem Europäischen Sozialfonds und Bundesmitteln die sogenannten »Netzwerke wirksamer Hilfen für Alleinerziehende«. Insgesamt wurden 25 Millionen Euro dafür bereitgestellt. Erklärtes Ziel ist es, »dass die Netzwerkakteure vor Ort ihre Dienstleistungsangebote für Alleinerziehende besser koordinieren, zu Leistungsketten verknüpfen, professionalisieren und weiterentwickeln. Besondere Bedeutung kommt dabei auch der Einbeziehung der Arbeitgeberseite vor Ort zu. Im Verlauf der Projekte sollen erfolgreich erprobte Strukturen in die Regelorganisation der beteiligten Stellen, insbesondere auch der Jobcenter, überführt werden.«

Ich hatte um Akkreditierung zur Infoveranstaltung gebeten und erhielt die Antwort, dass eine Teilnahme meinerseits nicht möglich sei, da nur Projekte, die durch das Ministerium finanziert werden, zugelassen seien. Ich solle mich aber auf der entsprechenden Internetseite über die Ergebnisse der Tagung informieren. Diesem Rat bin ich gefolgt, und seit Beginn dieses Projekts habe ich die daraus entstandenen Netzwerke in der Presse verfolgt und in meinem Blog dokumentiert.
Das, was mit den Geldern vor Ort gemacht wird, kann man größtenteils als weltfremd und diskriminierend auffassen.

Berichtet wird von der Schaffung von Teilzeitausbildungen, bei denen die Alleinerziehenden dazu gezwungen sind, dieselben Qualifikationen wie »normale« Auszubildende in der Hälfte der Zeit zu erzielen. Man liest auch von einer alleinerziehenden Mutter aus Marburg, die ihre Ausbildung zur Köchin in der Schwangerschaft abbrechen musste und der man im Rahmen des Projekts nun zu einer Ausbildung als Einzelhandelskauffrau verholfen hat. Ob eine prekäre Beschäftigung in einem Supermarkt zur Verbesserung der Lebensqualität beiträgt, bleibt zu bezweifeln.

»Frau X traute sich bis zur Zwischenprüfung zunehmend mehr zu, registrierte ihre wachsende Leistungsfähigkeit, stärkte ihr Selbstbewusstsein«, ist in dem Bericht zu lesen. Oder wir lesen, so geschehen in Schwalmstadt, dass sich im Rahmen des Projekts Alleinerziehende zu einem Plausch getroffen haben: »Dabei lag der Schwerpunkt darauf, Erfahrungen im Verkauf, in der Altenpflege und der Erziehertätigkeit zu sammeln.«

Allesamt prekäre Berufe, die den Alltag des Alleinerziehens sicher nicht vereinfachen und die die Frauen wieder auf den Pflegebereich reduzieren. Aber damit nicht genug. Weiter heißt es in der Presseerklärung: »Die Mütter lernten, besser mit ihrer Zeit umzugehen, und wurden selbstsicherer.«

Wann immer ich einen solchen Bericht auf meiner Facebookseite teilte, rief das wütende Reaktionen hervor. Die meisten fühlten sich diskriminiert durch derlei Artikel, da sie suggerieren, dass das, was den Alleinerziehenden fehle, Selbstbewusstsein oder ein Ziel sei. All diese Berichte gehen von einem Bild einer unmündigen, ungebildeten und unselbständigen Person aus. Hier wird uns die Bildungsferne und mangelnde Erziehungsfähigkeit unterstellt, die die Armutskonferenz 2013 beklagt hat. Offiziell gefördert mit europäischen und deutschen Mitteln.

Mein Lieblingsbeispiel aus dieser Reihe fand ich auf der Internetseite des Kreises Ludwigslust-Parchim: »Geboten wurde außer der Vorstellung der Hilfsangebote im Landkreis auch ein vielfältiges Rahmenprogramm, das neben Kinderbetreuung und -beschäftigung auch kulturelle Höhepunkte, Typ-Bcratung für Frauen und Männer sowie Informationen zur gesundheitsbewussten Ernährung umfasste.«

Eine Schilderung des Landkreises Göttingen klingt da noch am ehrlichsten, aber auch nicht unbedingt wirkungsvoll in einem ganzheitlichen Sinne: Hier wurde das Ziel verfolgt, »Alleinerziehenden den Zugang zu staatlichen Sozialleistungen zu vereinfachen. In diesem Sinne wurden für die Stadt Göttingen und den Landkreis Göttingen eigenständige Broschüren erarbeitet, die Alleinerziehende über mögliche finanzielle Leistungen für sich und ihre Kinder informieren sollen. Alleinerziehende erhalten somit einen Kurzüberblick über die verschiedenen Sozialleistungen sowie damit verbundene Voraussetzungen und Besonderheiten. Gleichzeitig werden in der Broschüre die zuständigen Leistungsstellen mit ihren Ansprechpartnerinnen und Ansprechpartnern sowie Telefonnummern und Internetadressen aufgeführt, um den Zugang zu einer Beratung und/oder Antragstellung zu erleichtern beziehungsweise zu ermöglichen.«

Wenigstens scheint man in Göttingen erkannt zu haben, dass Alleinerziehende nicht selbst daran schuld sind, dass sie von der Gesellschaft in die Ecke gedrängt werden. Aber selbstverständlich verbessert die Abhängigkeit vom Staat auch dann nicht die Lebensqualität einer Familie, wenn sie auch wirklich jede mögliche Förderung erhält.

Ob die fünf Millionen Euro, die die »Netzwerke wirksamer Hilfen für Alleinerziehende« bereitstellen, wirklich so wirksam sind, wage ich zu bezweifeln.

Was ich bei diesem und vielen anderen Regierungsprojekten beobachte und scharf kritisiere, ist, dass den betroffenen Personen von oben herab Hilfen übergestülpt werden, die sie gar nicht nötig haben. Die Regierung erfindet ein Projekt, Vereine und Träger bewerben sich um die Gelder, und dann wird das Geld unter Vereinen und Trägern aufgeteilt, damit diese dann ihre wirkungslosen Projekte verwirklichen können. Wer davon profitiert, sind zum größten Teil die Vereine, die die Gelder nach eigenem Ermessen verteilen. Sie schaffen also nach eigenem Gutdünken Positionen, für die der Steuerzahler zahlt. Tatsächlich müsste man dieses Geld ganz anders verwenden. Wer Alleinerziehenden helfen will, dem bleibt gar nichts anderes übrig, als zu den Alleinerziehenden zu gehen und sie zu fragen, was ihnen fehlt.

So hätte man zunächst eine Befragung aller Alleinerziehenden anstreben können. Es gilt, Fragebögen zu erstellen, die ein klares Bild der individuellen Lebensrealitäten ermöglichen und die mit der wichtigsten aller Fragen schließen: Wie wollen wir leben?

Ich denke, dass uns alle im Moment überhaupt nur diese Fragestellung interessieren sollte. Sie ist die bedeutendste Frage unserer Zeit. Wir sollten uns die Mühe machen zu ermitteln, wie wir leben wollen; dann wird auch ganz schnell klarwerden, was wir brauchen. Wir sollten uns nicht länger von oben nach unten regieren lassen, sondern von unten die Konzepte nach oben reichen, die uns alle zu glücklichen Existenzen verhelfen können.

# Teil 3

# ALLTAG UND WAHNSINN

Alleinerziehen in der Praxis. Was den Alltag erschwert und wie man ihn sich erleichtern kann.

# 33.

## MAMA ALLEIN ZU HAUS

Nachdem die Richter entschieden hatten, dass der Spuk nun endlich vorbei sei, war er selbstverständlich alles andere als vorbei. Ich hatte mich einige Tage zuvor am Rücken verletzt und humpelte nun mit einigem Abstand hinter dem Rest meiner Familie aus dem Gerichtssaal raus.

Dabei konnte ich sie gut beobachten. Etwas schweißte sie zusammen. Sie bildeten eine eingeschworene Einheit: meine Mutter, ihr hässlicher Mann, meine Schwester und mein Ex-Freund.

In diesem Bild wurde mir überdeutlich vor Augen geführt, was ich das ganze letzte Jahr nur abstrakt gefühlt hatte: Ich gehöre nicht dazu, ich humple hinter ihnen her wie eine Aussätzige.

Ich blökte ein herzerfrischendes Mal auf, wie es sich für ein schwarzes Schaf gehört, und spürte die heftigste Melancholie meines Lebens. Ich würde ja sagen, dass ich an diesem Tag mein viel zitiertes »Fleisch und Blut« zurückerhalten habe, aber in Wahrheit begriff ich, dass das alles gar nichts bedeutete. Dieses ganze hässliche Blut und das faulige Fleisch. Diese Erkenntnis war schmerzhaft und schön zugleich.

Als Laura und ich nach viereinhalbstündiger Zugfahrt endlich zu Hause in Berlin ankamen, war zu Hause viel mehr als je zuvor. Wir legten uns in mein Bett, das wir für zwei Tage nicht mehr verließen. Wie ein frisch verliebtes Fernbeziehungspaar.

Wir schotteten uns ab gegen die Welt hinter den Fenstern und ließen nichts zwischen uns kommen.

Es war traumhaft. Ich war wirklich wie verliebt. Mein Bauch kribbelte, die Haut meines Kindes zog mich magisch an, ich fühlte mich endlich wieder ganz. Es war surreal. Die ersten Tage mit meinem Kind waren nicht von dieser Welt. Wir befanden uns schlicht und ergreifend in einem Schockzustand. Was folgte, war das Posttrauma.

Laura sollte selbstverständlich nicht sofort in den Schulhort gehen. Sie sollte so viel wie möglich bei mir sein. Ich fühlte so große Schuld, und mein Gewissen nahm mich in die Pflicht, alles wiedergutzumachen. Ich sagte also alles ab. Kategorisch. Keine Konzerte mehr. Keine Arbeit außerhalb. Keine Proben, kein Treffen, kein Feiern, kein NICHTS!

Neun Monate lang. Fast so lange, wie eine Schwangerschaft dauert, erwachte ich jeden Morgen nur noch als Mutter, und als Mutter legte ich mich schlafen. Ich kochte Mittagessen und holte meine Tochter von der Schule ab. Nach dem Essen machten wir gemeinsam Hausaufgaben und gingen auf den Spielplatz oder ins Museum, den Zoo, irgendwas.

Die einzige Zeit, die ich in diesen Monaten für mich hatte, waren die Stunden zwischen neun und zwölf. Am Wochenende nicht einmal mehr die. Abends fiel ich erschöpft in mein Bett und hatte für gar nichts mehr Muße. Ich war die Übermutter. Völlige Selbstaufgabe dank eines schlechten Gewissens, für das in Wahrheit meine Mutter verantwortlich war.

Und somit habe auch ich eine Geschichte zu erzählen, in der die Mutter zur Verantwortung gezogen werden kann für meine Schwierigkeiten. Wir alle haben die ein oder andere Kritik an unseren Eltern parat. Verfehlungen gehören zur Elternschaft dazu, und Eltern hat fast jeder. Inzwischen bin ich ja selbst ein Elternteil. Eltern sind letztlich auch nur Menschen. Darum vergebe ich meinem Vater und vergesse meine Mutter. Und dafür darf ich hin und wieder die Rabenmutter spielen und Sätze sagen wie: »Ich arbeite jetzt!«, oder: »Die Tür bleibt zu!«

Natürlich bin ich auch ganz oft ein schlechter Elternteil. Und ich finde dafür auch immer Millionen Gründe. Das alles ist nur menschlich, und am Ende würde man sich sehr beschneiden, wenn man die Meinungen, Wünsche und Beurteilungen seiner Familie in seinen Entscheidungen berücksichtigt. Blut ist dicker als Wasser. Aber Sirup ist noch sehr viel dicker und dazu noch süß. Mit anderen Worten: Eine Familie ist selbstverständlich wichtig und bildet den Hintergrund und das Fundament jeder Persönlichkeit. Aber da dieses Gefüge immer aus Menschen besteht, birgt es so seine Tücken. Und für den Fall, dass eine Familie nicht dazu in der Lage ist, für den Schutz ihrer einzelnen Mitglieder aufzukommen, darf man sich eben nicht mehr auf sie verlassen.

Es wäre pervers, zu sagen, dass ich glücklich darüber bin, wie es gelaufen ist, aber auf der anderen Seite bin ich tatsächlich dankbar für die Erfahrungen, die ich dadurch gemacht habe. Letztlich ist es doch einer der Kämpfe eines jeden, sich von seinen Eltern zu emanzipieren. Ich stehe hier wackelig, aber ich stehe, und wenn mich meine Füße nicht mehr halten können, dann trägt mich mein Verstand oder manchmal auch mein Herz, aber mich wirft nichts mehr so schnell aus der Bahn, und meine Empathie ist noch um einiges gewachsen. Ich kann inzwischen eine Menge nachvollziehen und mitempfinden, was Menschen einander antun, weil ich gelernt habe, Grausamkeiten zu erforschen und zu hinterfragen. Ich verstehe viel mehr seitdem.

# 34.
# SOMMERLOCH –
# VON DER GROSSEN POLITIK IN
# EINEM KLEINEN ALLTAG

Mama! Es regnet schon wieder!«
»Ich weiß …«

In Berlin fielen die Ferien 2011 weitestgehend ins Wasser. Die Sommerferien befanden sich gerade in ihrem Zenit, und es regnete, regnete, regnete … Der Wetterbericht versprach keine Besserung. Die Rutschen und Schaukeln, die Skateboardrampen und Abenteuerspielplätze weinten. Keine Chance! Bei diesem Wetter helfen nur Hörspiele, Bücher und Comics. Und Fernsehen. Aber gute Eltern lassen ihr Kind selbstverständlich nicht permanent fernsehen. Wir haben nicht einmal einen Fernseher.
Trotzdem hatte ich eine Menge Arbeit, und das Kind wollte beschäftigt werden.

Nach der zweiten Drei-Fragezeichen-Folge, die aus dem Kinderzimmer dröhnte, bekam ich ein schlechtes Gewissen und rief beim Jugendamt an.
»Schönen guten Tag. Ich bin Mutter und auf der Suche nach einem anständigen Ferienprogramm für meine Tochter.«
»Also!«, holte der Herr am anderen Ende der Leitung aus. »Bei Ihnen in der Nähe gibt es den Bauspielplatz und den Bastel-

club und die Hausaufgabenhilfe. Aber Bauspielplatz ergibt bei Regen keinen Sinn ... ach, warten Sie ... Hausaufgabenhilfe und Bastelclub haben zurzeit Sommerpause.«

Sommerpause? Soll das ein Witz sein?

»Gut. Was bleibt uns da noch?«, fragte ich optimistisch, und der Herr lachte.

»Sie könnten mit ihrer Tochter schwimmen gehen.«

»Ah ... danke für den Tipp!«


»Mama, mir ist langweilig.«

Das übliche Spiel begann. Ich versuchte zu arbeiten, das Kind ebenso. Auf seine Weise.

»Kann ich an deinen Computer?«

»Den brauch ich selbst.«

»Kann ich die AC / DC-CD hören?«

»Schon wieder? Die armen Nachbarn.« Die arme Ich!

Inzwischen hatte Laura sich auf das Sofa gelegt und starrte gelangweilt in den Regen. Alle paar Minuten bewegte sie eine Frage, ihr Ton wurde immer instabiler. Der Ärger war bereits zu spüren. Eltern kennen das. Nichts ist destruktiver als ein gelangweiltes Kind.


Aus der Langeweile von Kindern wird schlechte Stimmung, aus der Langeweile von Jugendlichen wird im Zweifelsfall Kriminalität. Lieber Senat, wo ist die Einrichtung, die das verhindert?

Ich bin darüber immer wieder fassungslos. Keiner fängt gelangweilte Kinder in den Sommerferien auf. Niemand nimmt mir mal für ein paar Stündchen die Sorge um die Unterhaltung meines Kindes. Schade. Dumm. Zu dumm.

Im Internet recherchierte ich eine ganze Weile. Alles, was ich auftun konnte, war ein Jugendclub, der über sechs Kilometer weit entfernt ist. Laura hätte dort einen Drachen basteln können. Aber dafür hätte ich sie hinbringen und abholen müssen. In der Zwischenzeit hätte ich gerade genügend Zeit, ein wenig Däumchen zu drehen. Einen Textauftrag hätte man in dieser Zeit nicht bearbeiten können. Die langen Sommerferien stellen das Leben eines Alleinerziehenden darum immer wieder auf eine harte Probe.

»Was soll ich denn bei dem Wetter mit einem Drachen?«, fragte sie zu Recht.

Ja, das wusste ich auch nicht.

Und ich jammere hier aus einer goldenen Position heraus. Wir wohnen in Berlin. Der kinderfreundlichsten Stadt, die ich kenne. Dank alter Ostpolitik gibt es nirgendwo so viele Spielplätze und Jugendhäuser wie in unserer Hauptstadt. Und dennoch: Bei Sommerferien unter Wasser konnte man mir offenbar nicht einmal hier aushelfen. Ich will gar nicht wissen, wie sich schlechtes Wetter oder Ferien für Eltern in irgendeinem Vorort im Ruhrgebiet anfühlen.

Zum siebzehnten Mal an diesem Tag rief ich im Internet den Wetterdienst auf. Keine Änderungen. Die Prognose versprach weitere Himmelstränen. Die ganze folgende Woche.

»Mama! Mir ist langweilig. Kann ich wieder mit dem Nuckeln anfangen?«

In solchen Momenten ist guter Rat teuer, und sie bergen immer wieder die Gefahr häuslicher Eskalation. Es sind vor allem Situationen wie diese, die in den Haushalten von Alleinerziehenden wahre Sinnkrisen hervorrufen können. Ohne Arbeit kein Essen, ohne Hilfe keine Arbeit.

# 35.
# AKUT

Manche Tage sind eben einfach so. Ständig klingelt das Telefon, das Kind hat schlechte Laune und fällt ständig hin. Schlechtes Wetter, schlechte Laune, schlechte Voraussetzungen. Der ganze Tag versinkt in Krokodilstränen, und vor lauter Hektik wirft man versehentlich Teller kaputt oder reißt Tassen vom Tisch, wo man geht und steht. Und jeder Griff nach den Scherben oder dem Kehrblech erscheint wie eine kaum durchzuführende Planänderung.
Zeit! Verdammte Hektik! Erdrückende To-do-Listen!
Nörgelnde Kinder! PAUSE!
Ja, solche Tage sind die Hölle. Und niemand ist davor gefeit. Manchmal ist einfach irgendwo ein Loch im Kosmos, und da entweicht dann unaufhörlich die Zeit, als ob eine Quelle versiegen würde. PANIK!

Keine Panik, es gibt Abhilfe. Man muss dafür allerdings einen gedanklichen Kompromiss eingehen.
Aus Scheiße kann man kein Gold machen. Insofern wäre es vermessen, zu behaupten, ich hätte einen Trick, um diese Tage in ein buntes Feuerwerk voller Love, Peace and Happiness zu zu verwandeln. Das habe ich selbstverständlich nicht, aber ich kann mein Bewusstsein durch die bloße Kraft meiner Gedanken verändern. Und ich weiß, dass die berühmte richtige Einstellung nur ein schwacher Trost ist.
Man soll sich zufriedengeben, sich zusammenreißen. Immer

soll man selbst irgendetwas tun, ohne dass das an den erbärmlichen Zuständen irgendetwas ändern würde. Ein schwacher Trost, zugegeben. Aber ist nicht jeder Trost besser als gar keiner?

Ein Tag, der so beginnt – nörgelndes Kind, zerdeppertes Geschirr, Zeitdruck –, ist ein verlorener Tag. Ist so. Ich darf mir das Scheitern eines Tages ruhig schon direkt zu Beginn eingestehen. Das führt dazu, dass ich die Scherben aufsammle, mich hinsetze und tief einatme. Ich befehlige das Kind auf meinen Schoß und drücke es fest an mich.

»Heute ist ja vielleicht ein doofer Tag!«, bestätige ich, und das Kind kuschelt sich an mich und bekommt dieses entrückte Kuschelgesicht. Kuscheln wirkt auf Kinder wie eine Droge. Ihr Blick verklärt sich, sie drücken sich eng an den Verursacher des Glücksgefühls, und ihre Stimme senkt sich um ein paar Halbtöne. Während wir so kuscheln, atme ich ein und aus und ein und aus und ein … und ich murmle beruhigende Worte.

In diesem Moment stoppe ich jeden Gedanken in meinem Kopf. Ich errichte kleine Straßensperren auf meinen Gedankenwegen und versehe sie mit Schutzmännern, die jeglichen Verkehr unterbinden. Mit jedem Ausatmen lasse ich einen meiner Tagespläne verschwinden und schmeiße ihn zum Kehricht des zertrümmerten Geschirrs.

Einatmen – ich werde heute nicht den Brief an meine Hausverwaltung schreiben – ausatmen – ich werde heute nicht die Fenster putzen – einatmen – ich kann auch noch morgen an dem Text arbeiten – ausatmen – ich verzichte heute auf Sport …

Während ich alles loslasse, was mir wichtig und nötig oder befriedigend erscheint, konzentriere ich alle meine Gedankenkraft nur auf das Bündel auf meinem Schoß.

»Sollen wir Schokolade kaufen gehen? Ganz viel? Und Eis?«, ist dann zum Beispiel ein guter Vorschlag, um den Verlauf des Tages doch noch zu retten.

Es liest sich natürlich viel leichter, als es ist. Und tatsächlich ist es einem Menschen am Existenzminimum auch nicht immer möglich, ungeplant Schokolade kaufen zu gehen. Wie gesagt, der Trost dieser Übung ist schwach. Aber es gibt ihn. Alles Befinden ist letztlich nur eine Frage der Erwartungshaltung. Und am Ende klingt das nicht nur banal, es ist banal. Ein einfacher Richtungswechsel des Gedankenflusses, und alles wird einfacher.

Schon auf dem Weg zum Supermarkt spüren Laura und ich die Besserung. Ich schalte einen Gang runter, lasse den Motor leise summen und rolle gemächlich vor mich hin.

Und während ich so schlendere, entdecke ich auf einmal irgendetwas, das genauso banal ist wie die Erkenntnis, von der ich hier gerade schreibe. Einen Käfer etwa, der bei seinem Spaziergang über einen Ast immer wieder herunterfällt, oder eine Tüte, die vom Wind herumgewirbelt wird, oder das Muster des fließenden Wassers im Kanal.

Einfach den Blick auf das große Ganze beiseiteschieben und Details beobachten. Nachdem man alle Tagespläne verworfen hat, entsteht plötzlich ganz viel Zeit für ganz andere Dinge. Einatmen – ausatmen – einfach mal »egal« sagen. Am Anfang fühlt es sich unmöglich an, aber umso häufiger man es versucht, desto selbstverständlicher wird die dadurch eintretende Entspannung.

# 36.
# THEORIE UND PRAXIS

Das vorangehende Kapitel befasst sich mit der Theorie eines meditativen Prinzips – einer Theorie, die für mich zu einer Überlebensstrategie wurde.

Trotzdem: Zwischen Theorie und Praxis liegt ein riesiger Unterschied. Ich habe einige Ratgeber für Alleinerzieher studiert. Online wie offline. Ich kämpfte mich durch eine Menge Blödsinn und kam zu dem Schluss: Es ist schön, dass die Autoren solcher Ratgeber damit ihren Lebensunterhalt bestreiten oder sich kreativ ausleben können. Ich unterstütze das. Theoretisch. Aber in der Praxis stelle ich fest, dass weniges davon wirklich hilfreich ist.

Auf drei dieser Tipps, die ich bei meiner Recherche über diese Ratgeber am häufigsten lesen konnte, möchte ich unbedingt mit PRAXIS antworten. Ein Stück Realität:

**Tipp Nr. 1: Benutzen Sie Ihr Kind nicht als Partnerersatz.**
Uns allen ist bewusst, dass wir mit unseren Kindern kein Sexualleben teilen oder ihnen aus der Zeitung vorlesen können. Davon abgesehen, ganz ehrlich: Kinder sind viel langweiliger als Lebenspartner, weil die Gespräche mit ihnen in der Regel keinen intellektuellen Anreiz bieten.

Fakt ist allerdings, dass die Bindung zwischen einem Alleinversorger und seinem Kind sehr stark ist.

Nachdem ein Teil der Versorgung zusammengebrochen ist, kuscheln diese beiden sich sehr eng zusammen und teilen sich gemeinsam ein fieses Gefühl: die Angst davor, verlassen zu werden. Das sorgt dafür, dass Alleinerzieher und Kind sich aneinander festkrallen.

Das tut sicher niemand aus einer Absicht heraus, sondern aus den Tiefen seines Unbewussten. Dabei passieren viele hässliche Dinge. Ich kann meinem Kind nichts vormachen. Ich kann nicht verschweigen, wenn es mir nicht gutgeht. Mein Kind merkt das, wie ein Hund das Gewitter wittert.

Und man gerät in Erklärungsnöte. Tipps wie »überfordern Sie Ihr Kind nicht mit Dingen, die es nicht verstehen kann« bringen mir an dieser Stelle herzlich wenig. Irgendetwas muss ich meinem Kind ja sagen, und es belügen möchte ich auch nicht.

Es passiert also, dass ich mein Kind überfordere. Ständig. Deshalb werden Kinder von Alleinerziehenden wohl schneller selbständig, wie Studien belegen. Sicher ist es unfair, dem Kind so etwas »anzutun«. Aber man darf bei diesen Dingen nie vergessen, dass man nicht persönlich seinem Kind etwas zumutet, sondern dass es dem Kind und seinem alleinerziehenden Elternteil angetan wird. Die durch das Alleinerziehen entstehende Isolation ist der Verursacher. Nicht die Mutter oder der Vater mutet dem Kind diese Belastung zu, sondern ist ihr selbst ausgesetzt. Ein Ratschlag wie: Reißen Sie sich zusammen, schlucken Sie alles runter, lassen Sie Ihr Kind nichts merken, verursacht ein schlechtes Gewissen.

Aber wie unfair ist es, Alleinerziehenden immer wieder zu raten, sich auf die Zunge zu beißen und sich selbst zu zensieren? Was ist denn, wenn ich vor lauter Alleinekümmern kaum mehr dazu komme, mich irgendwem anzuvertrauen? Tipps wie diese sind theoretisch gut, in der Praxis aber kaum durchführbar. Und am Ende machen sie den Alleinerziehenden nichts als ein schlechtes Gewissen.

Das Einzige, was in der Praxis wirklich ein wenig Abhilfe verschaffen kann, ist der Versuch, das schlechte Gewissen auf die zu verfrachten, die dafür mit die Verantwortung tragen. Ein erneuter Anruf beim Vater, um ihn freundlich an seine väterlichen Pflichten zu erinnern, indem man ihm mitteilt, wie sehr das Kind zurzeit unter der emotionalen Belastung zu leiden hat. Oder vielleicht bei einem Freund, einer Freundin oder einem Verwandten, der oder die einem ruhig mal wieder – oder überhaupt mal – unter die Arme greifen könnte. Aber das setzt selbstverständlich wieder die Mitarbeit eines Dritten voraus. Ist diese nicht gegeben, ist es auf keinen Fall zu verantworten, dass ein Elternteil sich dafür schuldig fühlen muss. Alleinerziehende dürfen nicht stigmatisiert werden.

**Tipp Nr. 2: Lassen Sie sich helfen. Es gibt zahlreiche Interessengemeinschaften, Verbände und Organisationen, die sich speziell an Alleinerziehenden und der Einelternfamilie widmen.**

Verbände. Eine treue Leserin meines Blogs hat mir einen guten Rat gegeben. Ich solle mich in allen Beratungsfragen an sogenannte NROs wenden. NRO steht für Nichtregierungsorganisation. Diese Gruppen werden nicht staatlich subventioniert und müssen sich somit auch nicht zu vermeintlich politisch korrekten Beiträgen verpflichten.

Dieser Rat war wirklich sehr hilfreich. Denn von all den staatlich subventionierten Verbänden, die ich angeschrieben und um Kooperation gebeten habe, hatte ich ein und die gleiche Antwort erhalten: keine. Die NROs sind darum wohl eher zu empfehlen als offizielle Verbände. Was am Ende aber bleibt, ist immer noch das Zeitproblem. Wann findet man zwischen Arbeit, Haushalt und Erziehung denn bitte noch die Zeit, sich politisch zu engagieren?

Ich weiß, dass ich über eine Menge Energie verfüge. Außerdem habe ich »nur« ein Kind. Aber was ist mit denen, die weniger Energie und mehr Kinder haben? Zusätzlich kann ich an jedem neuen Tag mit meinem Partner spüren, dass ich überhaupt erst jetzt wirklich arbeiten kann. Erst jetzt finde ich Zeit für die Dinge, die mich interessieren, und kann mich engagieren.

Eine nette Idee, das mit den Verbänden. Aber eben auch nur wenig praxistaugliche Theorie.

Besser ist es, selbst aktiv zu werden und z. B. mit sympathischen Aushängen auf der Straße oder im Internet nach Gleichgesinnten zu suchen. Mit ihnen kann man Solidargemeinschaften bilden und sich gegenseitig mit der Betreuung etc. aushelfen. Auch im Internet gibt es zahlreiche Communitys für Alleinerziehende. Dort kann man sich mit anderen Alleinerziehenden austauschen und eventuell eigene Interessengemeinschaften bilden.

Aber auch das ist wieder ein »Ratschlag«, der nicht für alle gelten kann. Ich erhalte im Rahmen meiner Blogtätigkeit zunehmend Zuschriften von Müttern, die mir schreiben, dass sie sich in eine psychiatrische Klinik begeben möchten und nicht wissen, wer in dieser Zeit für ihr Kind sorgen soll. Darum sind alle Ratschläge zur Eigeninitiative selbstverständlich kritisch zu beäugen. Denn es ist keine Seltenheit, dass ein Alleinerziehender nach zermürbenden Sorgerechtsverhandlungen oder schlicht durch das anstrengende, jahrelange Alleinerziehen zusammenbricht und einfach nicht mehr kann.

**Tipp Nr. 3: Damit Alleinerziehende nicht in eine soziale Isolation abrutschen, sollten sie sich Rückhalt im Freundes-, Bekannten- oder Familienkreis suchen und gegebenenfalls auch Unterstützung annehmen, wenn sie angeboten wird.**

Wenn sie angeboten wird! Das war mir der liebste Ratschlag. Und er findet sich überall wieder. Ich kann nur für mich sprechen: Selbstverständlich habe ich immer jede Hilfe angenommen, die sich mir bot, aber wie oft passiert so etwas?

Alles dreht sich um den Begriff der »sozialen Isolation«. Und häufig fühlte ich mich genau so: isoliert.

Meine Tochter ist bisher immer nur in den Ferien für eine Weile bei ihrem Vater. Dann habe ich Zeit, Dinge zu unternehmen. An einem solchen »freien« Abend war ich mal mit einem Mann aus, der mich fragte: »Dann ist bei dir jetzt gerade alles anders als sonst, oder?«

Ich wurde nachdenklich und bestätigte schließlich nüchtern. Ja, so sei es. Normalerweise konnte ich abends gar nicht weggehen, weil ich es mir a) nicht leisten konnte und weil ich b) niemanden kannte, der in so einem Fall auf mein Kind aufgepasst hätte. Ich war ausgeschlossen von so normalen Dingen wie abends eine Freundin auf ein Bier zu treffen oder mal ins Kino zu gehen.

Bis auf eine sehr enge Auswahl an Freunden habe ich ohnehin die meisten Freundschaften in den letzten Jahren extrem vernachlässigt. Und einige bewusst ausgefiltert. All diese freundschaftlichen Leichen im Keller eines alleinerziehenden Elternteils rufen selbstverständlich auch kaum noch an, geschweige denn, dass sie aus heiterem Himmel heraus irgendeine Hilfe anbieten würden. Sie bekommen ja gar nichts mit von den Schwierigkeiten.

Diese Isolation der Alleinerziehenden rührt ja auch in erster Linie von der Abhängigkeit staatlicher Hilfen, die ein Teilhaben am Gesellschaftsleben extrem einschränken. Eine Alleinerziehende, die von Hartz IV lebt, kann die Langeweile ihrer Kinder oder ihre eigene nicht vertreiben, indem sie spontan einen Zoo besucht oder ein Schwimmbad. Das Geld reicht

nicht für einen Ausflug ins Kino oder andere alltägliche Freizeitaktivitäten. Man verliert so nach und nach den Anschluss
an die Gesellschaft.

Hinzu kommt das Gefühl der Unzulänglichkeit. In Deutschland herrscht große Statuskonkurrenz. Menschen beziehen
ihren Selbstwert durch ihr Telefon, ihr Auto oder ihre Kleidung, und all diese Statussymbole tragen wir vor uns her wie
einen Stempel. Einen Hartz-IV-Empfänger kann man an seiner Kleidung erkennen, dem Pflegegrad seiner Haut, seinem
Handy etc. Ebenso wie einen Spitzenverdiener. Wer sich gän-
gige Statussymbole nicht mehr leisten kann, fällt dadurch auf
und kann als »arm« identifiziert werden. Ein Stigma, das
einen nur allzu schnell ausgrenzen kann.


Der Herr von Goethe hat gesagt: »Die Theorie an und für
sich ist nichts nütze, als insofern sie uns den Zusammenhang
der Erscheinungen glauben macht.«

Der Herr von Goethe war ein schlauer Mann. Da sind wir uns
vermutlich einig.

Ich will wirklich keine Theorien mehr hören.

Ich will Praxis sehen.

Und die Praxis verbesserter Lebensbedingungen für Alleinerziehende und gleichzeitig für alle Bevölkerungsschichten
unseres Landes wäre ein struktureller Wandel zu mehr
Chancengleichheit. »Es gibt kein richtiges Leben im falschen«
(Adorno), insofern kann es Alleinerziehenden auch nicht
mehr zugemutet werden, mit vermeintlichen Ratschlägen ein
schlechtes Gewissen gemacht zu bekommen. Tatsächlich
müsste ein Ratgeber für Alleinerziehende die anderen anspre-
chen. Dem Rest der Gesellschaft sei geraten, sich für das Wohl
der Einelternfamilien einzusetzen. Allen voran für deutsche
Politiker sollte man einen Ratgeber schreiben.

# 37.
## KLEINER HAUFEN
## KRIEGSSCHAUPLÄTZE

In den Sommerferien 2011 – nachdem es aufgehört hatte zu regnen – war Laura für zwanzig Tage bei ihrem Vater. Zwanzig Tage, die ich in plötzlicher Freiheit verbrachte. Ich schlief morgens aus, spazierte durch die Nächte, schrieb sehr viel und machte alles, wozu ich Lust hatte. Ich traf sogar meine Freunde, ich schwamm in einem See, fuhr mit einem Motorrad durch die Gegend, erlebte Abenteuer. Es ist jedes Mal wie ein Aufatmen, wenn man für eine gewisse Zeit von seinen elterlichen Pflichten befreit wird. Diese Momente sind kostbar und selten. Und sie enden nie ganz ohne Wehmut.

Wenn meine Tochter zurückkehrt, hat sie immer auch die erbarmungslose Realität im Gepäck. Das Leben geht eben weiter.

Die Wiedersehensfreude ist immer groß, man gönnt sich oft ein Mittagessen im Kreise der »Familie« mit dem Kindsvater und berichtet von den Geschehnissen der letzten Wochen.

»Ich bin Motorrad gefahren!«

»Wir sind Achterbahn gefahren!«

»Cool. Ich war auch in einer Achterbahn. Aber in einem stillgelegten Freizeitpark. Die fährt nicht, man kann nur drinsitzen und reden.«

»Wir sind im Schwimmbad von einer Rutsche gerutscht, da waren unten so Schienen dran, auf denen man im Wasser weiterrutschen konnte!«

»Das klingt verrückt! Ich war im Schwimmbad und konnte zwanzig Bahnen schwimmen. Ohne Störung.«

»Langweilig! Wir waren im Kino!«

»Ich war in der Spätvorstellung!«

Die Stimmung ist ausgelassen. Es wird viel gelacht und gekuschelt. Die kleine Ansammlung verrückter Atome ist wieder da. Die Moleküle im elterlichen Körper springen Hüpfburg und wollen sich wieder mit denen des Kindes verschmelzen. Es fühlt sich an, als hätte man die letzten Wochen unbemerkt einen Arm weniger gehabt, und jetzt, wo er wieder dran ist, kann man die Dinge viel besser berühren. Das Kind ist zurück. Wunderbar.

Doch es dauert gar nicht lange, da tauchen erste Schatten auf und verdunkeln den Horizont. Kaum, dass der andere Elternteil weg ist, beginnt das Kind zu weinen und behauptet, Papas Freundin oder Mamas Freund wolle den Papa oder die Mama ganz für sich allein haben und möge das Kind überhaupt nicht.

Ich kenne diese Gefühle gut, schließlich bin auch ich ein Scheidungskind. Aber ich weiß, dass nicht jedes Gefühl meines Kindes mit dem der betroffenen Person übereinstimmen muss. Aber ich weiß auch, dass das Gefühl meines Kindes echt ist. Vielleicht genauso echt wie die Liebe eines neuen Partners / einer neuen Partnerin zum Kind selbst.

Kindergefühle funktionieren anders als Erwachsenengefühle. Wir mit unseren fortgebildeten Köpfen kennen zu jedem Gefühl bereits tausend Gedanken, und die denken wir wie Mantras und Gebete. Für ein Kind sind Gefühle noch viel neuer und mächtiger. Es gibt keinen Ausweg aus ihnen. Sie sind ihnen ausgeliefert.

In solchen Momenten lasse ich alles Gepäck fallen und tröste,

so gut es geht. Ich erkläre, dass niemand ihr ihren Papa weg-
nehmen kann. Dass sie von der ganzen Familie geliebt wird.
»Alle lieben dich. Alles ist gut.«

Erst mal gut, aber na ja.

Natürlich spürt zum Beispiel meine Tochter, dass der Rest der
Familie mich – im Gegensatz zu meiner Tochter – nicht so
sehr liebt. Und diese blöden Gefühle der Erwachsenen, die
wir uns also immer wegbeten, brechen in dem Kind dann
durch.

Gerne berichten Kinder dann auch, jemand aus der Familie
hätte etwas Schlechtes über die Mama oder den Papa erzählt.
Wäre ich nicht seit zehn Jahren Mutter, würde ich solche Geschichten glatt für die Wahrheit halten.

Aber die Wahrheit ist immer mindestens zweierlei: Das wahre
Gefühl anderer Personen, das ich nicht einschätzen kann, und
die Ausschmückungen eines Kindes, das immer das Gefühl
hat, Partei ergreifen zu müssen. Ein Kind im Mittelpunkt eines Elternkonflikts hat immer ein schlechtes Gewissen und
will es den Eltern recht machen. Man kann davon ausgehen,
dass die Kinder der Gegenseite Ähnliches über einen selbst
sagen.


Was ein Kind nach so einem Aufenthalt bei seinem anderen
Elternteil so alles sagen kann, tut oft weh. Es trifft zuerst das
Kind in einem selbst, das von seiner Familie geliebt werden
will, und dann den Teil in einem, der dem Kind gehört. Ich
drücke meine Tochter in diesen Situationen fest an mich, sage
ihr, dass ich die ganze Familie auf meine Weise liebhabe und
vor allem sie und dass sie sich nicht dazu berufen fühlen soll,
irgendetwas zu klären oder herauszufinden. Sie darf sich unserer Liebe sicher sein, alles ist gut.

Ein Satz, der dann auch fallen kann und von dem ich weiß,

dass ich lange nicht die Einzige bin, die ihn je gehört hat, lautet: »Der Papa hat mich gefragt, ob ich bei ihm leben will, wenn ich zwölf bin.«

Wenn der andere plötzlich sein Sorgerecht beantragen möchte oder einen Umzug des Kindes anstrebt und das zuallererst seinem Kind mitteilt.

In solchen Momenten muss man ein Fels sein. Ein riesiger Brocken steiniger Masse, den nichts von der Stelle heben kann. Eine Instanz, eine Festung, ein Wall.

Ich bin ein Stein. Ich fühle nicht. Ich biete Halt. Das sind sie, diese Gebete der Erwachsenen. Man kann Gefühle schlucken und verdauen.

Kann man das wirklich? Die Frage stellt sich nicht. Man muss. Man sieht auf diesen kleinen Körper in einem Flammenmeer, auf dem Schlachtfeld eines elterlichen Kampfs. Das tut wahnsinnig weh.

Also kann man wohl schlucken. Von da, wo man die bösen Gefühle hingeschluckt hat, holt man ein Lächeln hervor und dekoriert damit sein Gesicht. Die Augen lächeln sicher nicht mit. Nur der Mund behauptet das und sagt: »Da können wir ja mal drüber reden. Der Papa und ich.«

Tausend Fragen, Prüfungen und innere Diskurse.

Ich glaube, der Kampf hört niemals auf. Und man darf nie müde werden, dem beteiligten Elternteil zu erklären, dass dieser Kampf bitte nicht auf dem Rücken der Kinder geführt werden darf.

# 38.
## DRUCKAUSGLEICH –
## VON DER WUT ALS CHANCE

Oft hat man in den Zeiten ohne Kind alle Hände voll damit zu tun, die gemeinsame Existenz bürokratisch aufrechtzuerhalten. Man kümmert sich um liegengebliebene Widersprüche in puncto Familienleistung oder legt Bedenken beim Familiengericht ein gegen den Sorgerechtsantrag des anderen Elternteils, beantragt Wohngeld etc. Im Grunde ist man als Alleinerziehender permanent mit Anträgen und Widersprüchen beschäftigt. In ausgedehnten Phasen der »lebenserhaltenden Maßnahmen« kommt es oft zur Verschleppung pädagogischer Prozesse.

Laura verlor in solchen Augenblicken immer völlig den häuslichen Faden. Sie wusste gar nicht mehr, wo unten und oben war, sie missachtete jede Regel und wollte über alles noch einmal diskutieren. Ob man sein Zimmer wirklich aufräumen muss, ob Hausaufgaben immer nötig sind, wie lange man den Schulweg ausdehnen kann und so weiter und so fort. Jede Weisung zog einen Tobsuchtsanfall nach sich, und alles brach zusammen.

Ich stand in der Mitte, hielt links ein Brett fest und rechts eine Säule, bis die Decke oben zu bröckeln begann; ein Fuß musste die Säule übernehmen, damit ich eine Hand für die Decke frei hatte. Dann klingelte auch noch das Telefon. Mit dem Kinn hob ich ab, mit Schulter und Kopf hielt ich irgendwie dieses Telefon, und am anderen Ende war der Kindsvater:

»Ich mache mir Sorgen um das Kind. Das Kind sagt, dass du zu wenig Zeit für es hast.«

Ich wurde immer ganz klein in diesen Momenten. Fast wurde ich zu schwach, um das ganze Gerümpel weiter festzuhalten.

»Entschuldige bitte, Papa Stein. Aber uns fällt gerade die Decke auf den Kopf. Kannst du mir bitte mal kurz helfen, die festzuhalten?«

»Ich bin zu weit weg«, entgegnete er gerne und vergaß auch selten das Wichtigste: »Deine Schuld! Du bist ja weggezogen!«

Ich hielt den Dreck also alleine weiter fest, und Papa Stein fuhr fort mit seinen Vorwürfen. 600 Kilometer weit entfernt saß er in der Sonne und beobachtete, wie die Wildgänse in den Süden flogen, während wir hier fast von Problemen erdrückt wurden. Also erzählte er gelassen davon, wie sehr er sich sorge und wie wenig ich mich offenbar sorgen müsse. Weil, würde ich mich mehr sorgen, ginge es unserem Kind ja besser. Dann begann ich damit, mich zu rechtfertigen.

»Hier ist gerade wirklich ganz schön viel los. Ich habe sehr viel Arbeit, das Amt zahlt nicht, was es soll, ich warte auf Geld von drei verschiedenen Stellen, war gerade fast zwei Wochen lang krank …«

Papa Stein fiel zu jedem meiner Probleme ein großes ABER ein, und ich bemerkte von drinnen mal wieder gar nicht, wie falsch das alles von draußen aussehen musste, was ich da machte. Papa Stein hatte recht. Ich machte gerade einen gewaltigen Fehler. Nur, dass die Fehler nicht die waren, die er mir vorwarf. Der einzige Fehler, den ich machte, war, ihm ruhig zuzuhören und mich ihm gegenüber zu rechtfertigen.

Zu allem, was ich ihm anbot, konnte er ABER sagen und mir damit auch noch gehörig auf die Nase hauen. Ich generierte kein Verständnis, sondern ich bot ihm Angriffsflächen. Wieder – wie schon so oft in all den Jahren – gab ich ihm die Gelegenheit, mir für alles die Verantwortung zu übertragen. Nie bot ich ihm den Anreiz, sich mal selbst verantwortlich zu fühlen.

»Jaja. Tut mir leid. Aber anders geht es im Moment nicht. Ich weiß, dass das nicht ideal ist, aber ich habe für mehr gerade keine Kraft«, hörte ich mich viel zu oft sagen.

Als ich traurig auflegte, fühlten sich die Decke, die Säule und die Wand, die ich gerade stemmte, noch schwerer an. Und ich mich noch kleiner. »Nicht ideal«, geisterten die Worte wie freigelassene Wellensittiche durch meinen Kopf. Wieder einmal fühlte ich mich schuldig.

Ich bin schuld, dass es mir nicht gutgeht gerade.

Ich bin schuld, dass Lauras Vater so weit weg wohnt und uns deshalb nicht helfen kann.

Ich bin schuld, dass es Laura gerade nicht besonders gutgeht. Ich versetzte mich in Lauras Lage, und mir fiel wieder ein, wie traurig ich in ihrem Alter gewesen war.

Ich erinnerte mich daran, dass sich für mich alle Tage grau und kalt und schrecklich angefühlt hatten, weil meine Mutter mit einem Alkoholiker liiert und ständig arbeiten war. Während ich mir all diese Gedanken machte, merkte ich nicht, wie ich gar nicht mehr mein eigenes Kind vor Augen hatte, sondern mich selbst.

Mir fiel auf, dass ich Laura beim Essen mit Absicht nie ansah, weil ihre Tischmanieren grausam waren. Ich bemerkte, dass ich sie am Tisch nicht erzog, weil in meiner Kindheit die schlimmsten Erziehungsfehler beim gemeinsamen Essen stattgefunden hatten. Meine sadistische Mutter ließ einen zum Beispiel nicht aufstehen, wenn man seinen Teller nicht leer gegessen hatte. Und dann saß man da, stundenlang. Und Mutter filmte einen, wie man weinte und schrie und bettelte, dass man ins Bett wolle.

Zum ersten Mal seit Jahren sah ich also Laura beim Essen zu, und mir wurde schlecht. Sie schlang, sie schmatzte, sie spuckte sogar etwas aus.

Darum hatte ich mich nie zuvor gekümmert, fiel mir auf, weil ich Angst davor hatte, am Tisch Ärger zu bekommen. Weil ich gar nicht mit Laura zu Tisch saß, sondern mit der kleinen Maike. Ich sah die traurige kleine Maike und wollte nicht, dass sie weinte, also hielt ich immer hübsch die Schnauze, wenn sie sich beim Essen mal schlecht benahm. Ich wusste ja, was sie durchgemacht hatte.

Hier bot ich Laura Gelegenheit, aus allen Regeln auszubrechen. Und dem Vater bot ich mit meinen Rechtfertigungen die Gelegenheit, aus seiner Verantwortung auszubrechen.

Später besuchte uns eine sehr gute Freundin mit ihrem Freund. Wir gingen spazieren, und der Freund nahm mir Laura ab, während meine Freundin mir mal gehörig ins Gewissen redete. Sie zeigte mir auf, wo Laura überall ausbrechen konnte und wie sehr sie mir gerade auf der Nase herumtanzte. Sie sagte, dass sie sich Sorgen mache und wütend werde, wenn sie dabei zusehe, wie ich mir von überhaupt allen auf der Nase herumtanzen ließe. Vom Vater, dem Kind, meiner Mutter in meinem Kopf …

Sie hatte vollkommen recht.

Als wir das nächste Mal am Tisch saßen, begann der Kampf. Ich wurde zu einer eisernen Festung und aß dieses Mal nicht selbst. Eine Festung braucht nicht zu essen. Ich beobachtete nur, wie Laura es tat, und zeigte ihr jede Verfehlung auf. Nach kurzer Zeit schon war sie genervt, schließlich wurde sie frech und am Ende verzweifelt und wütend.

Der Kampf entwickelte sich heftiger als erwartet, aber ich blieb hart. Den ganzen Tag.

An diesem Tag ließ ich ihr gar nichts mehr durchgehen. Als Nächstes wurde das Zimmer aufgeräumt! Der Kampf wurde hässlicher und gemeiner. Laura begann, mich zu hassen. Ich spürte in mir die kleine Maike, meine eigene Mutter und mich heute. Während außen Laura ausrastete, tobten in mir drei weitere wütende Frauen. Das ist der dritte Weltkrieg hier, dachte ich. Zwischendurch griff Laura nach ihrem Handy und rief ihren Vater an. Ich ging dazwischen, um ihr das Telefon abzunehmen.

Ich erklärte dem Vater, dass ich nicht wolle, dass sie ihn in solchen Situationen anruft und ihm irgendetwas erzählt, das er mir dann hinterher auch noch vorwirft. Ich verkroch mich mit diesem Handy in die hinterste Ecke der Wohnung, so weit weg vom Kinderzimmer wie möglich, und schloss die Tür, während er schmunzelte, ich müsse mir diese Kritik schon gefallen lassen.

Es reichte.

Endlich sagte ich ihm, was ich dachte, und während ich es tat, wurde ich immer lauter, so dass ich am Ende brüllte und dann tief Luft holen musste.

Ich sagte: »ICH muss mir irgendeine Kritik gefallen lassen? Pass mal auf! Wenn wir jetzt Kritik austauschen. Ich habe mich damit ja immer zurückgehalten, aber jetzt ist mal gut! Was ist denn mit dir, Holiday-Daddy, häh? Anstatt blöd rumzumotzen aus der Ferne, solltest du vielleicht einfach mal jeden Monat dein Kind sehen! Wie wäre es denn damit? Ich muss mir überhaupt keine Kritik gefallen lassen. Denk du mal lieber über deine Verantwortung nach!«

Atmen.

»Und ich lege jetzt auf!«

Geht doch. In mir klatschte die kleine Maike Beifall, aber die große fing an zu zittern und bekam gleich wieder ein schlechtes Gewissen.

Gegenüber dem Vater und dem Kind.

Aber nicht doch! Mut zur Wut! Ich steckte Lauras Telefon weg und ging in ihr Zimmer, wo die Schlacht noch lange nicht beendet war. Dieser Tag war wie eine Wanderschaft von einem zum anderen Kriegsschauplatz. Am Ende hatte sich meine Sammlung diverser Beleidigungen des Mutterorgans stark erweitert.

Laura hasste mich. Für ein paar Stunden.

Später konnte ich in ihrem Gesicht plötzlich wieder viel mehr Frieden sehen, als ich sie nämlich ins Bett brachte. Sie war froh, dass ihr Zimmer so schön aufgeräumt war, und wirkte weniger aufgewühlt. Offenbar war mein kleines Beiboot in den letzten Wochen etwas abgetrieben, aber ich hatte es heute wieder ein wenig zu mir herangezogen. Es spürte nun wieder den Halt durch mich.

Aus meiner Richtung bläst seitdem ein Sturm. Hier ist längst Schluss mit der Flaute! Niemand tanzt mehr auf meiner Nase. Die ist zu schön für solchen Schabernack.

Vor diesem Tag war ich am Ende meiner Kraft gewesen. Ich hatte alles schleifen lassen.

Aber die Wut hat mir neue Kraft gegeben. Durch mich floss nun ein heißer Energieschub, mit dessen Hilfe ich alles wieder geradebiegen konnte, was schiefgelaufen war.

Wut ist die Eigenschaft, die Mütter sich seit Jahrtausenden selbst verbieten wollen. Aber Wut ist ein verdammt guter Motor. Wir sollten ihn hin und wieder mobilisieren. Lasst euch nicht alles gefallen. Schreit mal zurück. Nur bitte nicht die Kinder anbrüllen.

# 39.
# NACH DEM STURM – BELOHNUNG
# FÜR DEN GANZEN ÄRGER

Wie grausam es sich doch anfühlt, den Feldherrn zu spielen. Wenn wir unsere Kinder mal für eine Weile wieder gerade rücken und zurechtweisen müssen, fühlen wir uns, als fände in uns selbst ein Hahnenkampf statt. Unerbittlich und bis zum Tod! Die schlimmsten Gefühle mischen sich zu einem Brei aus ganz mieser Laune. Als da wären: Schuld, ein schlechtes Gewissen, Traumata aus der eigenen Kindheit, Größenwahn, Kleinmut, Mitleid, Trauer, Wut. Es fühlt sich falsch an.

Aber das ist es nicht. Und drei Tage nach dem erwähnten eigenen Wutausbruch ergab das alles plötzlich einen Sinn. In den Monaten zuvor hatte ich jeden Morgen sagen müssen: »Anziehen, waschen, Zähne putzen, in die Küche kommen.« Und abends: »Zähne putzen, waschen, umziehen und mich dann zur Gutenachtgeschichte rufen.« Drei Monate lang funktionierte es nicht.

Laura kam immer wieder zwischendurch, stellte irgendwelche Fragen, versuchte, den Ablauf auf den Kopf zu stellen, wollte irgendwas erklären oder motzen. Steckt man mitten in diesen Situationen, dann merkt man es oft nicht: Das Kind will eigentlich gar nichts. Jedenfalls nicht das, was es sagt. Das Kind will bloß die Regeln ändern. Das sagt das Kind nicht, weil es das selbst gar nicht durchschaut. Aber es geht bei diesen ganzen Zeitplanunterbrechungen immer nur darum, wer im Haus das Sagen hat. Kinder sind keine Chauvinisten, die bewusst versuchen würden, die Macht zu sichern. Sie machen es automatisch. Weil sie Menschen sind. Strebsame Wesen auf dem Weg nach ganz oben in der persönlichen Evolution. Sie müssen das tun. Und wir Eltern, wir müssen das wissen und es merken, wenn es geschieht. Merken wir es nicht, schleicht es sich langsam ein, und am Ende der Prozedur fragen wir uns, warum unser Kind sich so unkooperativ verhält, und dann ist es immer zu spät und alle sind schlecht gelaunt, und das Teufelskarussell dreht im Turbogang.

In diesen Momenten hilft leider nur Konsequenz. Wir müssen die gemeinen Gefühle akzeptieren und mit ihnen arbeiten.

Das tut erst einmal für mindestens zwei Tage furchtbar weh, aber dann folgt die Belohnung. Am dritten Abend nach meinem Knallhart-an-die-Regeln-Halten sagte ich nach dem Abendessen gar nichts mehr.

Laura sagte plötzlich: »Ich mache mich fertig und rufe dich zur Geschichte.«

Sie verließ die Küche, putzte sich im Bad die Zähne, wusch sich und zog sich um. Als sie mich zwanzig Minuten später in ihr Zimmer rief, lag ein sauberes Kind im Bett und auf ihrem Schreibtisch ein Bild für mich.

»Guck mal. Ich kann jetzt richtig gute Bäume malen. Das schenke ich dir.«

Ich las ihr eine Geschichte vor, wir kuschelten, ich war stolz und zufrieden, und Laura war wie ein Engel. Lieb und mit großen Augen und ganz verschmust.

Am nächsten Morgen hatten wir plötzlich zwanzig Minuten mehr Zeit als sonst, weil Laura früher als je zuvor bei mir in der Küche stand. Mit geputzten Zähnen, gebürstetem Haar, sauberer Kleidung. Auf einmal funktionierte alles wie von selbst. Kein kleiner Versuch, das Ganze zu durchbrechen zwischendurch, keine Enttäuschung, keine Wiederholungen des alten Musters. Es lief!

Laura nutzte die neu entstandene Zeit, indem sie gleich noch ein Baumbild malte.

Zu sehen war ein gerader Weg, der vom unteren Rand zum oberen Rand des Blattes führte. Eine Allee. Sicher gesäumt durch die Bäume an den Seiten. Eine sehr einladende Szenerie, die den Eindruck von Geborgenheit und Vorankommen vermittelte. Auf den Sturm folgte friedliche Ruhe. Der ganze Ärger hatte sich am Ende gelohnt.

Das war wirklich keine einfache Zeit, aber wieder einmal hatte ich viel für mein Leben gelernt. Nämlich, dass wir uns zwei Dinge dringend hinter die Ohren schreiben sollten:

1. Gefühle sind nur Gefühle! Es ist unmöglich, sie zu verhindern. Die guten wie die schlechten begleiten uns die ganze Zeit. Die meiste Zeit haben wir Angst vor ihnen. Vor den guten wie vor den schlechten.

Aber wenn wir sie akzeptieren, zeigen sie uns den Weg. Weil unser Weg in uns ist und unsere Gefühle dafür da sind. Und in den meisten Fällen gilt: Wo die Angst ist, ist der Weg.

2. Wir sind die Chefs. Wenn wir das vergessen, vergessen unsere Kinder es auch. Sie sind uns sehr dankbar, wenn sie sicher spüren, dass wir sie leiten.

Eine Erzieherin hat mir mal ein schönes Bild an die Hand gegeben. Stellen Sie sich vor, Sie würden plötzlich auf eine leere Fläche geschmissen. Das Licht ist immer gleich, es gibt weder Tag noch Nacht und keinen Horizont. Alles ist offene Fläche, und nirgendwo steht irgendwas. Nur man selbst.

Wohin sollte man laufen, wenn es keine Wege gibt? Woran sollte man sich orientieren, wenn es keine Regeln und keine Pfade gibt?

Darum dürfen Eltern die Anführer sein, ohne ein schlechtes Gewissen zu bekommen. Selbst wenn wir Eltern die größten Anhänger der Basisdemokratie sind.

# 40.
# MUT ZUR WUT

Im September 2011 erhielt ich eine E-Mail von einer Radioredakteurin, die an einem Feature über das Alleinerziehen arbeitete und im Netz auf meinen Blog gestoßen war. Sie schrieb mir, dass sie während der Arbeit an diesem Beitrag für den Deutschlandfunk schon viele Mütter mit sehr bewegenden Geschichten kennengelernt habe. Das Problem sei aber, dass diese Frauen – kaum, dass das Aufnahmegerät lief – zurückschreckten und sich ganz klein machten. »Der Mut der Mücke« nannte sich das Feature, und irgendwie schien aber eben der Mut nun all diejenigen verlassen zu haben, die von ihm berichten sollten.

Irgendwie hatte sich bei all diesen Frauen der Glaube eingenistet, sie seien wohl selbst schuld an ihren Schicksalen. Also trauten sie sich nicht mehr, sich zu beschweren und ihrem Unmut Luft zu machen. Ihrem Unmut über schlechtere Berufschancen, den Mangel an Betreuungsangeboten und die Unsicherheit ihrer Existenz. Diese Mütter haben Angst, aus der Rolle zu fallen und ihren Zorn zu formulieren. Wir wollen ja keine Querulanten sein.

Das machte mich sehr traurig. Und dann wütend. Ist denn in dieser Gesellschaft kein Platz mehr für Kinder? Wieso werden wir Mütter so behandelt, obwohl wir mit unseren Kindern sogar freiwillig oder unfreiwillig einen Beitrag für die Zukunft unserer Gesellschaft leisten? Wir haben Kinder! Das

Natürlichste und Schönste, was einem im Laufe des Lebens passieren kann. Ja, wir haben uns fortgepflanzt!

Deswegen muss man uns nicht bestrafen, eher im Gegenteil. Und deshalb bin ich froh über meine Wut. Wut ist gut. Sie muss nur den Richtigen treffen. Und der Richtige ist man besser nicht selbst. Auch wenn das viele natürlich gerne so einfach abtun würden. »Du hättest ja kein Kind bekommen müssen!« ist ein Einwand, den ich mir schon oft in meinem Leben angehört habe, wann immer ich mich an irgendeiner Stelle zu laut beschwert habe.

Nein, das hätte ich natürlich nicht. Ich hätte mein Kind nicht bekommen müssen, und dann hätten jetzt aber andere das Problem an meiner Stelle. Dass ich Probleme für mich selbst abwenden kann, wenn ich dafür über genügend Intelligenz verfüge, kann doch wirklich kein Argument sein. Die Zustände, von denen ich hier spreche, sind ja kein Einzelfall. Es ist Realität deutscher Politik, dass einen das Kinderkriegen in die Armut treiben kann.

Und an Phrasen wie »Du hättest ja kein Kind bekommen müssen!« kann man sehr gut bemessen, wie weit wir in diesem Land schon gekommen sind. Kinder: ja oder nein? Vorteile, Nachteile, Kosten-Nutzen-Faktor, wohin sind wir denn nur gekommen? Selbst das Kinderkriegen entscheiden wir anhand kapitalistischer Faktoren, während die Statistiker beklagen, dass die Geburtenrate konstant abnimmt. Von der demographischen Schere ist die Rede und davon, dass es bald nicht genügend Menschen geben wird, die für die Rente der überalterten Gesellschaft aufkommen können.

Was ich hier beklage, ist viel mehr als mein Privatleben mit Kind, ich weise auf strukturelle Ungerechtigkeiten hin, welche die gesamte Gesellschaft betreffen. Kinder zu bekommen ist schon lange keine Normalität mehr, und offenbar gerät es inzwischen sogar so sehr in Verruf, dass derjenige als dumm bezeichnet werden kann, der sich trotz der Realitäten deutscher Politik für ein solches Lebenskonzept mit Kind entscheidet.

Ich finde das widernatürlich und kontraevolutionär. Es ist arrogant und unnatürlich. Ich liebe mein Kind, und was ich als Mutter gelernt habe, hätte ich ohne Kinder vermutlich nie erfahren. Ich bin froh über meine Erfahrungen als Mutter, von denen ich durchaus auch profitieren kann. Ich bin fokussierter geworden durch die Mutterschaft, effizienter, organisierter und tatsächlich auch zufriedener. Meine Aufgaben als Mutter füllen mich mit Stolz und Glück, auch wenn die äußeren Umstände oft besser sein könnten. Ebenfalls habe ich durch das Kuscheln mit meinem Kind einen erhöhten Ausstoß von Oxytocin. Aber diese Argumente wiegen selbstverständlich für einen gebildeten Menschen in einer kapitalistischen Gesellschaft weniger als die Gegenargumente.

Ich kann das alles ja auch nur zu gut verstehen. Ich kann verstehen, wenn man von dem alltäglichen Kleinkrieg ganz mürbe wird und sich nicht mehr traut, den Mund aufzumachen.

Ich spiele jetzt seit zehn Jahren den Puffer zwischen meinem Kind und dem Rest der Familie. Ich bin es gewohnt, Unerhörtes von der Großmutter des Kindes an den Kopf gehauen zu bekommen; und ihm beim Essen gleichzeitig zu erzählen, dass ebendiese Großmutter eine ganz wunderbare Oma ist, die es furchtbar lieb hat und so weiter.

Ich habe in jahrelanger Arbeit gelernt, meine Wut zu unterdrücken und jeden noch so unverschämten Vorwurf an mir abprallen zu lassen. Wie ein Schiff bei der Taufe. Ich habe Außenwände aus Stahl, und man kann mich mit Flaschen bewerfen, ohne dass ich die geringste Regung zeige. Ich werde auf den Namen »Liebe« getauft, und mein Kind kann aufsteigen und die Jungfernfahrt genießen.

Doch während ich mir diesen Panzer gebaut habe, ist etwas Schreckliches passiert. Ich habe verlernt, meine Wut zu zeigen, sie einfach mal irgendwo rauszulassen.

Runtergeschluckte Wut ist aber ebenfalls aus Stahl. Sie liegt einem wie riesige Stahlknubbel im Magen. Das zieht einen ganz schön runter. Man wird schwerer und schwerer, bis man vor lauter Schwere glaubt, von Traurigkeit übermannt zu werden. Während außen alles in Ordnung zu sein scheint, ist innen alles in Aufruhr. Und wenn das Innen mit dem Außen nicht mehr übereinstimmt, kommt man auf den naheliegenden Gedanken, man müsse selbst schuld sein.

Irgendwie.

Aber wir sind gar nicht schuld! Und es wird sich niemals etwas ändern, wenn wir nicht endlich einmal auf den Tisch hauen! Wir sind die 43 % der Eltern, denen es erschwert wird, ihren Beruf wieder aufzunehmen. Wir sind diejenigen, deren Träume immer warten müssen und deren Gefühle immer zurückstehen hinter denen unserer Kinder und den Befindlichkeiten der ganzen Familie. Wir sind diejenigen, die gerne wollen und täglich aufs Neue beweisen, dass wir auch können.

Wir raffen uns immer wieder auf und kämpfen, und wir beklagen uns nie.

Das romantische Sinnbild einer Mutter. Wir kochen und putzen und streicheln und trösten und lächeln am Ende des Tages, damit alles in Ordnung ist. Wir machen immer alles in Ordnung, und alles, was bei uns nicht stimmt, das klammern wir aus. So muss es eben sein. Und so muss es ja auch sein, und wir machen das gut. Wer also, wenn nicht wir, hätte ein Recht darauf, sich auch einmal zu beklagen?

Wir SIND wütend! Wir haben es nur irgendwie vergessen. Wir spüren die Klumpen in unseren Bäuchen und weinen heimlich in unsere Kissen.

Wir leiden. Aber bei der obligatorischen Frage, wie es uns geht, tun wir, was alle tun, und sagen, dass es uns gutgehe. Alles in Ordnung, geht so, muss ja, danke der Nachfrage.

Schluss damit! Wut muss man oben rauslassen. Aus dem Mund. Wut wird nicht geschluckt, sondern gespuckt! Ich mache gerne den Anfang und brülle es in die Seiten dieses Buches hinein. Unsere Bildungspolitik macht mich rasend, die wenigen Betreuungsangebote unseres Landes bringen mich um den Verstand, und ich BIN wütend, Papa Deutschland!

Am allerwichtigsten: Tun wir uns gegenseitig einen Gefallen – seien wir nicht wütend aufeinander!

Könnt ihr euch einen Fisch vorstellen, der seine Fischschwarmkollegen in ein Fischernetz lockt? Könnt ihr euch einen Bären vorstellen, der einem anderen Bären zu einem Job im Zirkus rät? Könnt ihr euch vorstellen, dass ein Nerz dem anderen bei lebendigem Leibe das Fell abzieht?

Nein, das könnt ihr nicht. Oder ihr könnt das, weil ihr sehr viel Phantasie habt, aber ihr würdet nie für möglich halten, dass diese Dinge in der Realität geschehen, oder?

Wir Menschen, wir machen solchen Quatsch! Dank unserer komplexen Sozialfähigkeiten locken wir einander in Fallen und hauen uns in Pfannen, die wir herumstehen sehen. Wir sind richtig fies zueinander. In der Regel handeln wir so, um uns einen Vorteil zu verschaffen oder um unser Ego aufzupolieren. Aber was, wenn wir so handeln, dass die Schädigung anderer uns am Ende selbst in die Pfanne haut? Wenn wir uns ins eigene Fleisch schneiden?

Ich erhalte immer wieder E-Mails oder Kommentare von anderen Müttern, die mir vorwerfen, verantwortungslos zu handeln. Sätze wie »Wenn man ein Kind bekommt, muss man sich das vorher gut überlegen und alles danach ausrichten!« zeigen mir, dass nicht einmal Mütter dazu in der Lage sind, Verständnis für sich und andere Mütter aufzubringen.

Ja, ich hätte mir das vielleicht alles besser überlegen sollen mit dem Kind. Habe ich aber nicht. Ich war zwanzig Jahre alt, vollkommen unvorbereitet und ahnungslos. Ich habe nicht gewusst, worauf ich mich einlasse, und meine Idee von Mutterschaft war nicht annähernd das, als was es sich heute herausstellt.

Aber ja, ich war dumm. Nun habe ich also vor neun Jahren eine Dummheit begangen und ein Kind bekommen. Und jetzt? Muss ich für den Rest meines Lebens dafür in die Pfanne gehauen werden! Soll ich also nicht Gerechtigkeit für diese Bevölkerungsgruppe fordern dürfen, weil ich doch die Wahl habe, ob ich ein Kind bekomme oder nicht? Diese Logik führt zu einer menschenverachtenden Konsequenz. Es würde nämlich zum Beispiel bedeuten, dass arme Menschen keine Kinder mehr bekommen dürften.

Nebenbei bemerkt: Die Alternative wäre gewesen, dieses Kind nicht zu kriegen. So wie das ganz viele tun. Da ist immer irgendwas wichtiger. Und immer wird gleich ein ganzes Leben zerstört, bloß weil man ein Kind bekommt. Das erscheint mir absurd. Wir leben in einem der reichsten Länder der Erde, können es uns aber nicht leisten, Kinder zu kriegen. Oder denjenigen, die sie bekommen, die notwendigen Hilfen zukommen zu lassen. Nein, lieber grenzen wir Kinder und deren Eltern aus, sie passen einfach nicht in unsere Leistungsgesellschaft.

Ich bin froh, dass ich diese Dummheit begangen habe, mit Anfang zwanzig. Ich liebe dieses Wesen einfach, habe mir alle

Beine ausgerissen für mein Kind und gegen Monster gekämpft. Ich habe es irgendwie geschaukelt und eine ganze Menge Ärger auf mich genommen; aber ich habe auch ganz viel Belohnung dafür erfahren. Ich habe mich vielleicht unüberlegt entschieden, aber ich habe die Konsequenzen dieser Entscheidungen seither jeden Tag getragen.

Wenn nun jemand, der keine Kinder hat und nicht weiß, was es bedeutet, alleinerziehend zu sein, zu mir sagt: »So kann man doch nicht leben. Schäm dich!«, dann versuche ich, das nicht zu ernst zu nehmen, denn derjenige weiß offenbar nicht, wovon er spricht. Ich kann ignorieren, wenn Menschen aus Unwissenheit gemeine Dinge sagen, aber es tut wirklich weh, wenn derlei von anderen Müttern kommt.

»Die ist ja gar keine typische Vertreterin der Alleinerzieher. Die will ja Künstlerin sein. Sich selbst verwirklichen und so.«
Ja! Liebe andere Mütter: Ja, das will ich! Ich will mich selbst verwirklichen, und ich will, dass ihr euch verwirklicht! Ich will, dass wir glückliche Mütter sind, die glückliche Kinder bekuscheln.
Jeder auf seine Weise. Meine Berufung ist zufällig die Kunst. Ich schreibe seit meinem fünften Lebensjahr Geschichten, und ich arbeite täglich an meinen Romanen, an Drehbüchern oder Artikeln für Magazine und Zeitungen. Deine Berufung ist vielleicht das Bankwesen. Aber das macht überhaupt keinen Unterschied. Ich könnte auch Schiffskapitänin sein wollen, und es sollte auch vollkommen gleichgültig sein, wovon ich träume. Unsere Gemeinsamkeit ist die Mutterschaft und der Traum, unsere Leben auf eigene Weise zu gestalten.
Das sollte uns allen doch möglich sein! Wenn du mir das Recht absprichst, Künstlerin zu sein, sprichst du dir damit das Recht ab, Rechtsanwältin, Ärztin oder Pilotin zu sein. Und

wenn du jetzt antworten möchtest: »Ja, ich wollte Ärztin werden, aber ich habe eingesehen, dass das eben einfach nicht geht. Dass ich nun mal Mutter bin und das darum nicht schaffen kann!«, dann kannst du damit einfach nicht richtigliegen. Denn nach deiner Theorie würde sich dann nie etwas ändern, und ein großer Teil unserer Gesellschaft müsste sein Glück begraben und sich deprimiert der Mutterrolle zuwenden. Nach deiner Theorie wären wir also alle unglücklich.

Ein Kommentar zu einem meiner Artikel enthielt den folgenden Ratschlag: »... also einfach mal die Mundwinkel oben festtackern!«

Ist das so?

Einfach mal oben was festtackern und unten was runterschlucken? Und schlucken und schlucken, bis sich alles aufstaut; und dann explodieren, weil oben alles zugetackert ist und nichts mehr raus kann?

Ich weiß nicht, Mutti. Lass uns darüber noch mal nachdenken. Stell jetzt erst mal den Tacker weg und atme tief durch. Bis ganz tief in den Bauch, bis der Atem da etwas berührt. Da ganz unten. Da liegt ein Wunsch begraben. Atme den mal da raus und lass ihn oben aus deinem Mund purzeln. Und zeig mal deine Zähne. Drohend oder lächelnd.

Das sieht beides schön aus.

Steht dir so.

Ich würde es so lassen.

Und wenn ihr einen Fisch seht, der die anderen Fische in ein Netz locken will, dann gebt ihm Oxytocin. Ich glaube, das ist es, was einem Fisch fehlt, der seine Kollegen in die Pfanne hauen möchte.

# 41.
# NOT MACHT ERFINDERISCH –
# DAS KONZEPT DER
# LEIHGROSSELTERNSCHAFT

Nachdem ich mich an dem Radiobeitrag »Der Mut der Mücke« beteiligt hatte, geschah etwas sehr Schönes. Eine der Zuschriften, die ich erhielt, war von A. Parchwitz. A. arbeitet als Vertreter und hört dabei im Auto immer den Deutschlandfunk. Als er dort im März 2012 meine Beschreibung eines Alleinerziehendenlebens in Deutschland hörte, war er alarmiert und verbrachte seinen Feierabend mit dem Lesen meines Blogs. Im Anschluss meldete er sich bald bei mir und sagte, er habe in meinem Blog vom Konzept der Leihgroßelternschaft gelesen und seine Frau C. und er würden so etwas auch sehr gerne machen, wenn er in zwei Jahren in Rente gehen würde.

Ich freute mich sehr über diese Nachricht. Schließlich war mein Blogartikel über Leihgroßelternschaften von Juli 2011, und über ein Jahr hinweg hatte ich aber weder selbst so jemanden für mich, geschweige denn für andere finden können. Bis heute habe ich zu diesem Thema überhaupt nur zwei Angebote von Lesern erhalten. Eines von A. und C. Parchwitz aus Berlin und eines von einem Paar aus dem Kreis Pirna. A. schlug vor, dass ich seine Frau und ihn über meinen Blog vermitteln könne, sobald er in Rente sei – für mich sei es ja dann leider schon längst nicht mehr interessant.

Für mich interessant geworden ist es dann aber doch. Ich schlug den beiden ein Treffen vor, und bald luden sie Laura und mich zum Essen ein, wobei wir uns locker kennenlernten.

Die beiden waren Laura und mir auf Anhieb sympathisch. A. erzählte von seiner Arbeit als Diplomat in der DDR, von seinen Reisen und den aufregenden Menschen, die er kennengelernt hatte. Er spricht fließend Englisch, Russisch und Arabisch und machte auf mich sogleich den Eindruck eines Menschen, der Völkerverständigung sehr persönlich nimmt. Die beiden sind wirklich ein sehr angenehmes Team und setzen sich permanent liebevoll für irgendeinen Mitmenschen ein. Einfach, weil sie es können. Weil es ihnen gutgeht und weil sie sich das für andere eben auch wünschen.

In ihrem Leben haben sie schon zahlreichen Menschen unter die Arme gegriffen mit ihrer Zeit, ihrem Geld und ihrer Liebe. Unserem Treffen folgten weitere Treffen, und A. hat mir in dieser Zeit immer wieder angeboten, meine Einkäufe mit seiner Hilfe und seinem Auto zu übernehmen, sie laden uns hin und wieder zum Essen bei sich zu Hause oder außerhalb ein, und sie haben mir bisher schon dreimal kleine Jobs vermittelt, mit denen ich unser schmales Budget aufbessern konnte. Zuletzt hatte A. mich kurzerhand als Fahrerin eingestellt; ich erhielt Geld dafür, ihn zu seinen Auftraggebern zu fahren und mich dabei sehr nett mit ihm zu unterhalten.

Auf einer dieser Fahrten erzählte mir A., wie viel er und seine Frau verdienten und dass dieses Geld für zwei Personen doch absolut ausreichend wäre. Aus diesem Grund spenden die beiden und vergeben immer wieder zinslose Kredite an Freunde und Bekannte, bei denen sie auf die Rückzahlung nicht allzu genau achten.

Wann immer A. in der Zeitung liest, dass irgendwo Hilfe gebraucht wird, so schaut er mit großer Sicherheit einmal vor Ort vorbei und fragt, wie er helfen kann. Überhaupt scheint dies eine der dringendsten Fragen dieser beiden wundervollen Menschen zu sein: »Wo kann ich helfen?«

Angebote für Leihgroßeltern gibt es leider noch nicht allzu viele. Man muss schon sehr intensiv suchen, und bei meiner eigenen Suche war ich – wie gesagt – fast ein Jahr lang erfolglos. In Berlin / Brandenburg gibt es das Netzwerk KIKON, ein Projekt der Diakonie, welches Leihgroßeltern vermittelt. An dieses Netzwerk kann sich jeder wenden, der gerne eine Leihgroßelternschaft übernehmen möchte oder der Leihgroßeltern sucht. Allerdings ist das Projekt weitestgehend unbekannt und müsste dringend besser kommuniziert werden.

Um die Generationen wieder mehr zusammenzubringen, damit sie sich gegenseitig unterstützen, könnte man auf integrative Wohnkonzepte setzen. Wenn Alleinerziehende Tür an Tür mit Senioren lebten, wären Leihgroßeltern schnell zur Stelle. Ein Gemeinschaftsraum könnte die Kontakte zwischen den Bewohnern gewährleisten, und man könnte sich gegenseitig zur Hand gehen.
Viele ältere Menschen leiden unter großer Einsamkeit. Für sie wäre die Betreuung von Kindern ein deutlicher Zugewinn an Lebensqualität. Sie hätten eine Aufgabe und könnten aktiv am Leben teilnehmen, während die Mütter ihrerseits dafür vielleicht mit den Einkäufen oder Ähnlichem helfen könnten. Die Verbindung von Alleinerziehenden und Senioren erscheint mir als äußerst logisch, weil der eine hat, was der andere braucht: die Alleinerziehende das vollgestopfte Leben und der Ruheständler die Zeit.

Durch die Schaffung integrativer Sozialwohnungen könnte der Staat das Prinzip der Selbsthilfe fördern und gleich zwei benachteiligte Bevölkerungsgruppen unterstützen. Solange die Verantwortung für Senioren und Familie noch in einem Ministerium liegt, halte ich es auch für interessant, dass diesbezüglich noch wenig Anstrengungen von Kristina Schröder unternommen wurden.

# 42.
# DAS MENSCHENRECHT
# AUF MOBILITÄT

Meine Wut und meine Traurigkeit sind immer noch da, zum Glück, aber sie brechen sich nicht mehr unkontrolliert Bahn. Seit über zwei Jahren bin ich in Therapie, um das Verhältnis zu meiner Mutter mit professioneller Hilfe auszuwerten. Das Schreiben hat mir außerdem dabei geholfen, vieles in meinem Leben zu reflektieren.

Den Kontakt zu meiner Familie habe ich in den meisten Fällen gekappt. Ich habe mich emanzipiert und meine Ohnmacht durch harte Arbeit, die mit vielen Tränen und dem Überwinden einiger Ängste verbunden war, in eine Stärke umgewandelt. Ich habe gelernt, mich selbst zu schützen und nicht jeden und alles zu nah an mich heranzulassen. Ich habe gelernt, Grenzen um mich und Laura herum abzustecken, und uns so einen Schutzraum erschaffen, in welchem wir unser Familiendasein genießen können.

Inzwischen leben wir mit meinem neuen Partner zusammen; endlich habe ich die Familie gefunden, die ich mir immer gewünscht habe. Ich habe alle meine Beziehungen hinterfragt und finde mich nun wieder in einem sehr kleinen Kern aus ausnahmslos wunderbaren Menschen, deren Nähe mir guttut. Ich habe gelernt, wie man glücklich werden kann.

Als ich mittendrin war, beim Schreiben, im Juni 2012, erfuhr ich plötzlich, dass gegen mich ein Haftbefehl vorliegt wegen nicht bezahlter Fahrkarten. »Erschleichen einer Dienstleistung« nennt man das. Betrug. Ich hatte mir in den letzten Jahren tatsächlich immer wieder diese Dienstleistung erschlichen, wenn ich sie mir gerade nicht leisten konnte. Ich bin niemals aus böser Absicht schwarzgefahren, insofern halte ich den Vorwurf des Betruges für übertrieben, aber ja: Ich habe mir diese Dienstleistung erschlichen, die mir laut Grundrecht zusteht, dank Kommunalrecht aber versagt wird.

Ich möchte mich nicht einfach rechtfertigen. Ich habe nach Berliner Recht eine Straftat begangen. Ich möchte nur darauf hinweisen, dass das Recht auf Mobilität im Grundgesetz verankert ist. GG, Art. 11: »Alle Deutschen genießen Freizügigkeit im ganzen Bundesgebiet.«

Dieses Recht ist ihnen tatsächlich jedoch in einigen Fällen nicht vergönnt. Mir und meiner Tochter stehen durch Hartz-IV 22,78 Euro monatlich für den Nahverkehr zur Verfügung. Allein das Sozialticket für einen Erwachsenen kostet aber aktuell 33,50 Euro. Würde man stattdessen Einzelfahrkarten von dem Geld kaufen – bei einem Einzelfahrpreis von momentan 2,40 Euro für einen Erwachsenen und 1,50 Euro für ein Kind zwischen sechs und 14 Jahren innerhalb des Berliner Rings –, könnten wir genau fünf gemeinsame Fahrten im Monat tätigen. Das heißt, wir könnten zweimal im Monat gemeinsam irgendwohin und wieder zurück fahren. Beim dritten Mal müssten wir den Rückweg dann schon laufen.

In solchen Fällen wird man besser nicht krank, und man beantragt wohl auch nicht die lächerlichen zehn Euro für einen Musikkurs. Als Hartz-IV-Empfänger bleibt man am besten einfach zu Hause, und schon ist wieder eines der Grundrechte beschnitten.

Das ist der Grund, warum ich mich zwar nicht verteidige, aber letztlich auch nicht schäme dafür, schwarzgefahren zu sein.

Für mich ist diese Anzeige jedenfalls der Beweis dafür, dass ich im Leben genauso viel Glück wie Pech habe, denn der Polizist, der mich eigentlich verhaften sollte, hat mich stattdessen angerufen und gewarnt. Er sei nicht Polizist geworden, um arme Menschen einzusperren, die sich nicht einmal eine Fahrkarte leisten können. Diese Menschen erziehe man ja nicht im Gefängnis, man nehme ihnen nur noch mehr Chancen auf eine gesicherte Zukunft.

Diesen Polizisten schickte der Himmel. Bei dem vertraulichen Gespräch erfuhr ich einiges Interessante über das Erschleichen von Dienstleistungen. Ein Drittel aller Inhaftierten in Berlin Plötzensee sind Schwarzfahrer. Das sind zum größten Teil Menschen, die sich eine Dienstleistung erschlichen haben, die sie sich nicht leisten können. Im Zweifelsfalle waren sie gerade auf dem Weg zu einem Vorstellungsgespräch.

Diese Personen werden für ihre Armut bestraft und noch tiefer hineingetrieben. Denn so ein Gefängnisaufenthalt macht sich im Lebenslauf nicht besonders gut. Diesen Menschen wird die Chance auf eine gesicherte Zukunft nahezu versagt. Resozialisierung sieht anders aus. Ihnen wird das bisschen Anteilnahme am Sozialleben verwehrt, weil sie es sich nicht leisten können.

Die Grünen fordern Straffreiheit für Menschen, die nachweislich nicht für die Bezahlung dieser Leistungen aufkommen können. Mobilität sei ein Menschenrecht, argumentieren sie. Vielleicht wäre es ja ein Anfang, in allen Städten das sogenannte Sozialticket einzuführen und es zu dem Preis zu verkaufen, der den Arbeitslosengeldempfängern dafür auch bereitgestellt wird.

Ich bin nicht ins Gefängnis gegangen, sondern schrieb mein Manuskript fertig und war somit in der Lage, die Strafgebühr zu zahlen. Trotzdem war das alles andere als eine angenehme Zeit. Ich bezahlte die Strafe mit einem stechenden Schmerz in meiner Brust. Es passt mir gar nicht, dass ich für die schlechte Politik meines Landes zur Rechenschaft gezogen wurde. Ich weiß, dass man sich ein Ticket kaufen muss. Aber oft genug kann ich mir das nicht leisten. Auch Beziehende von Sozialleistungen müssen mal zum Arzt, zum Anwalt oder zu einer Behörde.

Was unsere eigenen Wege angeht: Wenn Laura zum Arzt muss, brauchen wir die öffentlichen Verkehrsmittel, ich fahre einmal in der Woche zu meiner Therapeutin, Ausflüge zu Museen oder andere Freizeitaktivitäten erfordern ebenfalls öffentliche Verkehrsmittel. In vielen Fällen sind wir einfach gelaufen. Mit Laura an meiner Seite bin ich niemals schwarzgefahren, und auch den Weg zu meiner Therapeutin, der sich über sechs Kilometer erstreckt, habe ich mir angewöhnt zu laufen. Dafür muss ich allerdings allein für den Weg fast zwei Stunden einplanen. Berlins größte Ausdehnung beträgt 45 Kilometer, die Stadt ist gigantisch. Sollte es nicht auch den armen Bewohnern der Stadt vergönnt sein, sich auf dieser Fläche frei zu bewegen?

## 43.
## ALLES BERÜHREN,
## SICH VON ALLEM BERÜHREN LASSEN
## UND LOSLASSEN

Meine Mutter hat Laura in den letzten Jahren immer mal wieder besucht oder abgeholt. Ich würde diesen Kontakt niemals verhindern. Laura liebt ihre Oma. Egal, wie schmerzhaft das für mich ist, es geht mich nichts an.
Diese Verabredungen haben wir immer per E-Mail organisiert. In kühlem Ton. Sie unterschrieb mit »Mutter«, ich mit ganzem Namen. Immer mal wieder versuchte sie, mich anzurufen, aber ich ging entweder nicht dran oder drückte schnell Laura das Telefon in die Hand.

Wenn sie nach Berlin kam, um Laura abzuholen, wurde ich immer bereits eine Woche vorher nervös und zickig. Ich vergrub mich unter meiner Bettdecke und fürchtete mich.
An meinem dreißigsten Geburtstag war Laura mit meiner Mutter unterwegs, und ich bin an diesem Tag zum Krisendienst gegangen. Weil ich nicht aufhören konnte zu heulen. Ich musste eine Weile ein Antidepressivum nehmen, und das hat tatsächlich bewirkt, dass ich das nächste Mal, als ich die Nummer meiner Mutter auf dem Display sah, einfach dranging. Ich war erschrocken über mich selbst, aber ich hatte es geschafft. Einen weiteren Schritt nach vorn. Durch die Angst, geradeaus.

In diesem Gespräch fassten wir beide den Plan, eine Mediation durchzuführen.

Der Vorschlag dazu kam ihr nicht einfach über die Lippen, aber sie hat in diesem Gespräch in einem Nebensatz gestottert, dass sie mich lieb habe. Sie sagte auch: »Du bist meine Tochter. Ich will dich nicht verlieren.«

In diesem Moment fiel ich in ein tiefes Loch ohne Boden. Dieser Satz wurde riesengroß in meinem Kopf, und endlich verstand ich, was unser Problem war: Meine Mutter hatte nicht verstanden, dass sie mich längst verloren hatte. Ihr Satz hätte lauten müssen: »Du bist meine Tochter. Ich will dich zurück in mein Leben holen.«

In der Mediation, die schließlich stattfand, hat sie diesen Eindruck leider nur verstärkt. Sie will, dass ich ihr verzeihe, aber sie sträubt sich dagegen, Verantwortung für ihr Handeln zu übernehmen. Vielleicht ist es ihr selbst zu heftig, was sie da getan hat, so dass ihr Bewusstsein es eben einfach verdrängt. Ich kann ihr nichts verzeihen, zu dem sie sich nicht bekennt, und als ich ihr das in einem Telefonat nach der Mediation sagte, da antwortete sie, dass wir nun doch darüber geredet hätten neulich und dass doch nun einfach mal gut sein solle.

Ja, das wünschte ich. Ich wünschte, es könnte einfach gut sein, aber so einfach ist das eben nicht. Wann immer wir zu einem Gespräch kommen, verlangt sie immer wieder, ich solle ihr das nun endlich nicht mehr nachtragen. Wenn ich ihr meine Gefühle beschreibe, leugnet sie einfach und sagt, dass es so nie gewesen sei. Sie ist in meinen Augen noch nie wirklich auf mich eingegangen, und dieses Verhalten führt sie fort. Ich kann ihr nicht verzeihen, was sie sich offensichtlich selbst nicht verzeihen kann, und ich möchte mich einfach nicht mit Menschen umgeben, die meine Gefühle nicht ernst nehmen und sogar verleugnen. Darum habe ich beschlossen, dass der Dialog für mich beendet ist. Sie war mir nie die Mutter, die ich mir gewünscht habe, und nicht einmal die, die ich verdient hätte. Heute bin ich endlich alt genug, um mich gegen den Kontakt mit solchen Menschen zu entscheiden. Meine Mutter findet einfach nicht mehr statt für mich. Wenn sie mir schreibt, um ein Treffen mit Laura zu vereinbaren, fühlt es sich an wie ein beruflicher Schriftwechsel, nicht wie eine Unterhaltung mit der Mutter.

Eine gute Mutter zu sein ist gar nicht so einfach. Das weiß ich jetzt. Und wenn man dabei ganz auf sich gestellt ist, ist es allzu oft eine Zerreißprobe. Laut Laura bin ich von Zeit zu Zeit die schlechteste Mutter im Universum: »Selbst wenn es auf anderen Planeten Schlammmonster gibt, die ihre Kinder auffressen. Die müssen dann wenigstens nie ihr Zimmer aufräumen!«

Loslassen ist die einfachste und die schwierigste Aufgabe zugleich. Es gibt nichts, was ich gegen schlechte Gefühle unternehmen kann, außer sie zu akzeptieren. Dann bin ich jetzt eben eine halbe Stunde lang die schlechteste Mutter im Universum. Und dann habe ich eben kein schönes Verhältnis zu meiner eigenen Mutter, und dann bin ich eben heute einfach mal schlecht drauf und eben nicht jedermanns Liebling und vielleicht auch nicht einmal annähernd perfekt mit meinem seltsam schrägen Lebensweg.

Einatmen – ausatmen.

Einatmen *lass* – ausatmen *los*.

Solange man liebt, ist man auf dem richtigen Weg. Der Rest ist Akzeptanz, Aushalten und Aufmerksamkeit.

## 44.
## KLEINE PHILOSOPHIE DES ALLEINERZIEHENS

Das Schreiben ist aufwühlend und heilsam zugleich. Der Blog gibt mir die Möglichkeit, ganz aktuell zu berichten, was sich in meinem Leben und der Politik tut, Gutes wie Schlechtes. Aber nur in diesem Buch konnte ich mein Leben Revue passieren lassen. Es kam alles wieder hoch, alles auf einmal.

Und auch wenn es schlecht für mich ausgehen sollte, hatte mir das Kampftraining als Alleinerziehende doch Erkenntnisse vermittelt, die mir keiner mehr nehmen kann:

**Ich muss ehrlich gegenüber meinen Gefühlen sein.** Solange ich allen gegenüber die Coole mime, werden sie mich auch immer wieder verletzen. Wenn ich mich nicht als verletzt und hilfsbedürftig zu erkennen gebe, kann mir niemand helfen. Das Ablehnen von Hilfsangeboten ist in meiner Position kein Stolz, sondern Dummheit. In meiner Position BRAUCHT man Hilfe. Wir Alleinerziehenden sind darauf angewiesen. Es ist nicht unsere Schuld. Stehen wir dazu!

**Ich muss aufmerksam bleiben.** Inzwischen habe ich etwas begriffen, was für meinen Charakter eine der schwierigsten Aufgaben war: Ich kann nicht jedem Menschen trauen. Das ist schade, aber so ist es nun einmal. Inzwischen kann ich ganz gut beurteilen, wer gut für mich und mein Kind ist. Das hat leider dazu geführt, dass ich in den letzten Jahren viele Menschen aussortieren musste, aber wenn man mit anderen Menschen einsamer ist als ohne sie, dann stellt diese Kontaktsperre auch keinen Verlust dar.

**Ich muss es nicht allen recht machen, und ich muss auch nicht zu allen Menschen nett sein.** Weg mit »Wie heißt das?« und »Wie sagt man?« und »Du musst dich jetzt entschuldigen!«. Befreien wir uns und unsere Kinder und bringen wir ihnen bei, sich selbst zu reflektieren! Sprechen wir mit ihnen über ihr Verhalten, aber zwingen wir sie nicht zu »Danke« und »Entschuldigung«! Geben wir ihnen lieber die Chance auf einen souveränen Umgang mit diesen Worten. Ich möchte einen Menschen erziehen. Keine Benimm-Maschine.

**Ich darf den richtigen Weg nicht aus den Augen verlieren.** Der Mensch taumelt durch sein Schicksal, wie er es vielleicht nennt, oder er erliegt dem Zufall. Gott prüft ihn, wie er es mit Hiob getan hat, oder das Universum wirft ihn durch den Kosmos wie einen Spielball. Ich bin froh, dass ich herausgefunden habe, wo mein Weg langführt: Er führt direkt durch meine Angst, durch das tiefste Tal auf den höchsten Berg. Ich benutze meine Gefühle inzwischen als Landkarte. Sie zeigen mir, was ich will. Wenn ich Neid fühle, schäme ich mich nicht mehr dafür, wie es mir beigebracht wurde. Denn Neid zeigt mir, was ich will. Das Gleiche gilt für Trauer und Wut, für Glück und wilde Tagträumereien. All das zeigt mir, wo ich hingehöre.

Nicht jeder hat eine intakte Familie, nicht allen Menschen ist es vergönnt, eine der wenigen Glücksgeburten auf diesem Planeten zu sein, aber eines steht fest: Selbst der Reichste unter uns, auch der mit dem stärksten Glauben und der mit dem meisten Glück Gesegnete hat irgendein Bündel zu tragen. Und viele wiegen sehr viel schwerer als das meine.

Wir müssen uns nicht alles gefallen lassen, aber wir dürfen auch nie den Blick für das Glück verlieren. Wir befinden uns in einem ständigen Wettkampf mit unserer Umwelt. So viele Statussymbole, die es zu erreichen gilt, und immerzu setzen wir uns in Vergleich mit den Menschen um uns herum. Niemand kann das wirklich abstreiten. Wir befinden uns im Showdown des Kapitalismus. Wer den Wettbewerb nicht spürt, muss weltfremd sein.

Das ist alles sehr anstrengend und meistens vollkommen fehlgeleitet. Wir laufen ständig den falschen Idolen und Idealen nach. Die Wahrheit liegt in uns selbst. Nur wir wissen, wo unser Weg langführt. Aber wir wissen es nur ganz unbewusst. Und darum müssen wir uns darum bemühen, ganz leise zu sein und auf die stillen Zwischentöne in uns zu horchen. Dann können wir eine Route auf unserer inneren Landkarte erkennen. Unseren ganz persönlichen Weg.

# MENSCHEN, DENEN ICH DANKEN MÖCHTE

Wer alleine erzieht, braucht Hilfe. Man kann in seinem Einelternleben nicht weit kommen ohne Freunde. Diese Erfahrung habe ich am eigenen Leib spüren müssen, und ohne die Hilfe einiger besonderer Menschen hätte ich möglicherweise schon lange aufgegeben. Dass das nicht passiert ist, dafür möchte ich den folgenden Menschen aus tiefstem Herzen danken:

Ali Zein Al Din. Ohne Ali hätte ich es nicht nach Berlin geschafft. Ohne ihn wäre ich einfach in Bochum geblieben und dort allmählich krepiert. Ali war es, der nicht lockerließ in dieser einen Nacht. Danke, Ali. Das war eine wirkliche Heldentat!

C. und A. Parchwitz. Danke, Leihopa und -oma Parchwitz. Ich lege ständig beim Kosmos ein gutes Wort für euch ein. Wenn jeder, der das kann, so wie ihr, die anderen unterstützen würde, wäre die Welt definitiv eine weitaus schönere. Danke!

Marie von Kuck. Marie ist auch alleinerziehend und eines dieser Räder, die sich emsig drehen, um uns Alleinerziehenden Gehör zu verschaffen. Ihr Beitrag »Der Mut der Mücke« für den Deutschlandfunk ist ein Meilenstein auf dem Weg zu mehr Aufmerksamkeit. Es ist wichtig, dass die Realitäten des Alleinerziehens von denen öffentlich ausgesprochen werden, die dafür sonst vor lauter Zuviel gar nicht die Zeit finden. Vielen Dank, Marie, für deine Kraft und deinen Mut!

Daniel Anderson. Wie so viele andere Menschen, denen ich im Leben begegnet bin, gehört auch Daniel unbedingt zu denen, die ich treffen sollte. Er war der erste Mensch, dessen Nummer ich in Lauras Handy einspeicherte und ihr sagte: »Wenn irgendetwas ist, und du kannst mich nicht erreichen: Auf Daniel ist immer Verlass!« Daniel, danke. Ich weiß, dass du das nicht einmal hören willst, weil es für dich selbstverständlich ist. Ich gebe dir bedingt recht: Es sollte selbstverständlich sein. Aber das ist es nicht. Dass du das aber so siehst, macht dich zu einem der schönsten Menschen auf diesem Planeten.

Marko Jacob. Er ist nicht nur mein Literaturagent, er ist viel mehr als das. Er ist das ruhige Ein- und Ausatmen, wenn ich glaube, dass ich ersticken müsste vor Panik. Sein Glauben an mich gibt mir große Kraft, und auch, dass er mich stets menschlich unterstützte. Finanziell und ganz ohne Material. Danke, Marko, dass du an mich glaubst und den Weg für dieses Buch bereitet hast!

Kathrin Weßling. Sie war mir nicht meine beste, sie war mir immer die beste Freundin der Welt. Mit Kathrin habe ich gelernt, wie man Konflikte beseitigt und dass nur Ehrlichkeit und Respekt dazu in der Lage sind. Danke, meine liebe Freundin Ka, vor allem für deine Treue und eine Liebe, die so groß ist, dass ich sie leider viel zu oft als selbstverständlich ansehe. Liebe Ka, mögen sich all die Dämonen, die noch toben zwischen uns, in Luft auflösen – auf dass wir uns nie aus den Augen verlieren!

C. G. Danke, du hast mir das »mutterseelenallein« genommen und es durch ein »himmelhoch jauchzend« ersetzt.

Und zuletzt wegen besonderer Wichtigkeit: Die LeserInnen meines Blogs und die Freunde und Freundinnen von mutterseelenalleinerziehend.de auf Facebook. Ich danke jedem, der mir Mut gemacht hat in Mails oder Kommentaren, ich danke jedem, der mich auf etwas aufmerksam gemacht hat, ich bin dankbar für all die zahlreichen konstruktiven Kritiken und jede ausgesprochene Empfehlung. Ohne diese virtuelle Unterstützung hätte ich nie die Möglichkeit bekommen, einen Traum zu erfüllen, den ich seit meinem fünften Lebensjahr hege. Das hier ist mein erstes Buch. Und ihr habt es möglich gemacht.

Herr und Frau Vorragend, ich danke euch!

# ZITATNACHWEIS

S. 133 f.: Bronnie Ware: 5 Dinge, die Sterbende am meisten bereuen. Einsichten, die Ihr Leben verändern werden. Arkana, München 2013.

S. 168 ff.: Heinz Buschkowsky: Neukölln ist überall. © 2012 Ullstein Buchverlage GmbH, Berlin.